互联网+教育改革新理念教材

幼儿园
玩教具制作和环境创设

主审　王　军
主编　贠红松

江苏大学出版社
JIANGSU UNIVERSITY PRESS
镇　江

内容提要

本书分为两篇，即幼儿园玩教具制作篇和幼儿园环境创设篇。其中，幼儿园玩教具制作篇包括幼儿园玩教具制作指南、玩转纸材料玩教具、捏制泥材料玩教具、缝制纺织材料玩教具、改造废旧材料玩教具和发现自然材料玩教具；幼儿园环境创设篇包括幼儿园环境创设指南、幼儿园班级环境创设和幼儿园公共区环境创设。

本书结构清晰，内容全面，案例丰富，强调实践，可作为职业院校学前教育专业的教材，也可作为幼教工作者及幼儿家长学习的参考资料。

图书在版编目（CIP）数据

幼儿园玩教具制作和环境创设 / 贠红松主编. -- 镇江 : 江苏大学出版社, 2021.6（2023.11 重印）
ISBN 978-7-5684-1559-0

Ⅰ. ①幼… Ⅱ. ①贠… Ⅲ. ①幼儿园一自制玩具②幼儿园一自制教具③幼儿园一环境设计 Ⅳ. ① G614 ② G617

中国版本图书馆 CIP 数据核字 (2021) 第 118612 号

幼儿园玩教具制作和环境创设
Youeryuan Wanjiaoju Zhizuo he Huanjing Chuangshe

主　　编 / 贠红松
责任编辑 / 王　晶
出版发行 / 江苏大学出版社
地　　址 / 江苏省镇江市京口区学府路 301 号（邮编：212013）
电　　话 / 0511-84446464（传真）
网　　址 / http://press.ujs.edu.cn
排　　版 / 三河市祥达印刷包装有限公司
印　　刷 / 三河市祥达印刷包装有限公司
开　　本 / 787 mm×1 092 mm 1/16
印　　张 / 14
字　　数 / 272 千字
版　　次 / 2021 年 6 月第 1 版
印　　次 / 2023 年 11 月第 4 次印刷
书　　号 / ISBN 978-7-5684-1559-0
定　　价 / 58.00 元

如有印装质量问题请与本社营销部联系（电话：0511-84440882）

编 委 会

主　审　王　军

主　编　贠红松

副主编　王　玮　徐　翔

张巧英　甄　蕾

PREFACE 前言

幼儿的健康成长离不开游戏、离不开玩教具、更离不开丰富多彩的环境。所以，作为幼儿教师，应该熟练掌握不同材料玩教具的制作方法，能够根据幼儿成长的需要和教育目标创设幼儿园环境，并通过游戏的方式开展各种教育活动，使幼儿在游戏中学习，促进幼儿全面发展。

为此，我们结合多所院校人才培养方案的要求和学生就业发展的实际需要，编写了这本书。此外，为贯彻落实党的二十大精神，我们还结合幼儿园玩教具制作和环境创设课程的教学内容，进一步修订了本书。

具体而言，本书有以下几个方面的特色。

本书特色

一、三位一体，协同育人

本书积极贯彻“价值塑造、能力培养、知识传授”三位一体的育人理念，坚持以培养学生正确的世界观、人生观、价值观为己任，将中华优秀传统文化、创新精神、传承精神、人与自然、环境保护等内容有机融入到教材中，全面提高学生的综合素质，让学生成为德才兼备、全面发展的人才。

例如，在每个项目前面设置“素质目标”，帮助学生树立正确的核心价值观；在项目中间安排与中国传统艺术相关的任务内容，让学生感受传统手工艺的无限魅力，增强学生的民族自豪感；在项目最后设置“拓展阅读”模块，讲述源远流长的中华传统文化和幼儿教师运用废旧材料自制玩教具的故事等，以此引导学生树立文化自信，增强节约环保意识。

二、校企合作，职业引领

本书是在一线双师型教师和企业专职人员的指导与支持下进行编写的，其体例设计充分考虑了教学大纲要求与企业需求，内容紧密围绕岗位需求“量身定做”，着重提升教材的职业属性，强调内容的实用性和针对性，从而真正让学生做到学以致用。

三、全新形态，全新理念

本书切实践行“以学生为主体，以教师为主导，以能力为根本”的教育理念，按照“必需、够用、兼顾发展”的原则组织相关知识点和技能点。在教材内容的编排上，采取“项目—任务”式的结构框架，并根据任务需要精心设计了不同的模块，如“任务目标”“任务拓展”“成果展示”“教案分享”等，有利于学生边学边练，从而快速提高学生的实践能力。

此外，本书在讲解实操类任务的过程中配有详细的图解，能够帮助学生形象、直观地理解理论知识，从而减轻学生的学习负担，增强其学习兴趣。

四、平台支撑，资源丰富

为了丰富课堂内容，拓展课堂知识，本书在重要知识点处设置了微课二维码，内容包括同类型手工作品的制作方法、传统手工艺的介绍等，学生用手机扫码即可观看，增强了学习的自主性与趣味性。

此外，为了方便学校管理、教师教学和学生自学，本书与一款集教学管理、教学支撑于一体的综合教育平台——文旌课堂（www.wenjingketang.com）开展了深度合作，学校可借助该平台管理校本课程，教师可借助该平台管理各种教学资源、布置作业、组织考试，学生可借助该平台阅读课外资源、提交作业、进行线上练习、参加考试等。师生在教与学的过程中有任何疑问，都可以登录该平台寻求帮助。

本书创作团队

本书由王军担任主审，贠红松担任主编，王玮、徐翔、张巧英、甄蕾担任副主编。在本书编写过程中，编者参考了大量文献和资料，在此向相关作者表示诚挚的谢意。由于编者水平有限，书中存在的不足之处，恳请广大读者朋友批评指正。

目录 CONTENTS

幼儿园玩教具制作篇

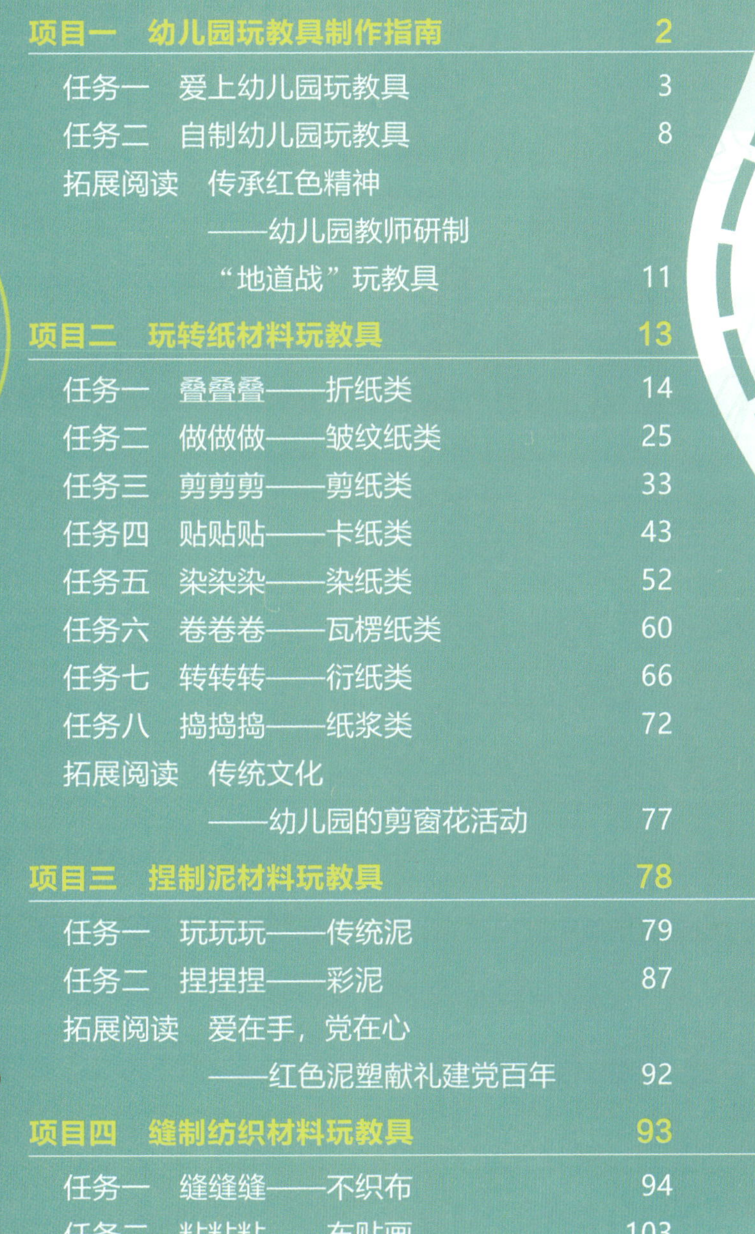

目录 CONTENTS

幼儿园环境创设篇

目录 CONTENTS

幼儿园玩教具

制作篇

项目一 幼儿园玩教具制作指南

内容提要

玩教具在幼儿的生活和学习中不可或缺，对幼儿身心的健康发展起着重要作用，通过它可以培养幼儿的观察力、注意力和思维能力，激发幼儿的想象力和创造力，提高幼儿的感知力和语言能力等。

本项目将以任务的形式分别介绍爱上幼儿园玩教具和自制幼儿园玩教具的相关内容。

学习目标

知识目标

- 了解幼儿园玩教具的概念及分类。
- 了解幼儿园玩教具制作的基本原则。
- 掌握幼儿园玩教具的构思与设计。

能力目标

- 能够根据教育需要和幼儿发展需求制作幼儿园玩教具。
- 具备构思与设计幼儿园玩教具的能力。

素质目标

- 增强审美意识、创新意识和环保意识。
- 强化育德意识，提升育德能力。

任务一

爱上幼儿园玩教具

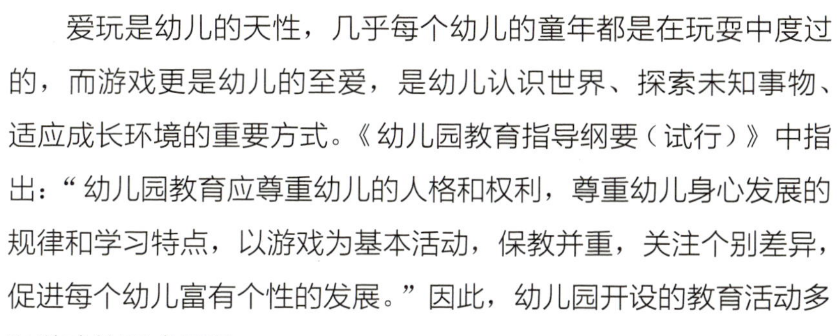

爱玩是幼儿的天性，几乎每个幼儿的童年都是在玩耍中度过的，而游戏更是幼儿的至爱，是幼儿认识世界、探索未知事物、适应成长环境的重要方式。《幼儿园教育指导纲要（试行）》中指出："幼儿园教育应尊重幼儿的人格和权利，尊重幼儿身心发展的规律和学习特点，以游戏为基本活动，保教并重，关注个别差异，促进每个幼儿富有个性的发展。"因此，幼儿园开设的教育活动多以游戏的形式呈现。

为了增强游戏的趣味性，发挥教育活动的价值，完成教学目标，幼儿园不仅要提供丰富多彩的玩具，还要提供多种多样的教具和学具，辅助教育活动的开展，让幼儿通过游戏来学习知识，在游戏中健康成长。因此，玩教具是幼儿教育中不可缺少的一部分。

本任务主要介绍什么是幼儿园玩教具，以及幼儿园玩教具的分类。

任务目标

- 了解什么是幼儿园玩教具。
- 掌握幼儿园玩教具的分类。

一、了解什么是玩教具

玩教具是指幼儿在游戏和学习活动中使用的工具，它借助一定的物质材料（如纸、塑料、木材、金属等），依据一定的设计要求，通过手工制作或工业化生产而来，通常可细分为教具、学具和玩具。

（一）教具

教具是指教师为了达到教学目的，特别设计或使用的某种实体材料或教学工具。例如，幼儿园进行集体教学时，教师使用的实物、挂图和模型等都属于教具范畴。在教学过程中，教具由教师亲自操作并使用，用来协助说明或传递知识，它所能达到的学习效果大多是教师预设的较固定的目标。

（二）学具

学具泛指教师为丰富幼儿学习过程，达到一定的保教目标，放置于特定区域供幼儿亲手操作或亲身体验的实体材料。例如，幼儿园学习区中提供的操作材料。学具由教师依照预设的目标设计、制作或选用，提供给幼儿互动、学习，但幼儿的操作不一定需要教师直接指导，幼儿可根据个人兴趣自由选择、自行操作。学具所达到的学习效果是教师和幼儿共同控制的半开放性成果。

（三）玩具

玩具泛指幼儿在生活环境中自行操作的把玩物，一般不是为了达到特定的教学目标，而是幼儿根据意愿主动操作的材料或工具。玩具的形式多种多样，既包括娃娃、玩偶、积木、陀螺、皮球和叠叠乐等各种成品玩具；也包括成人制作的供幼儿操作、把玩的自制玩具；还包括由幼儿自行发现，并将之作为游戏道具的“玩物”，如橡皮筋、竹竿、砂土、水等。

鲁迅先生曾说：“游戏是儿童的工作，玩具是儿童的天使。”

陈鹤琴先生说：“小孩子很少空着手来玩，必须有许多玩的东西来帮助，才能满足玩的欲望。”

借助于玩具的学习是幼儿通过自我探索、自我发现和自我学习而实现的，主导者是幼儿自己，学习效果是非预设性的开放性成果。虽然玩具的教育功能没有一般教具、学具那么明确，但对于幼儿而言，“玩”本身即是目的。

综上所述，在幼儿园的教育情境中，教具主要由教师主导操作，具有明确的学习目标；玩具则是由幼儿自行探索发现，并主动随意操作，提供的是开放性的学习机会；学具的主导性则介于教具和玩具之间，一般具有较明确的预设学习目标。教具、学具和玩具的区别虽然明显，但在一定条件下三者可以相互转换，在设计、制作等方面三者也有较多的共性。

二、梳理玩教具的分类

（一）按玩教具的制作材料分类

按制作材料不同，玩教具可分为纸材料玩教具（见图1-1）、泥材料玩教具（见图1-2）、纺织材料玩教具（见图1-3）、废旧材料玩教具（见图1-4）和自然材料玩教具（见图1-5）。

图1-1　纸材料玩教具

图1-2　泥材料玩教具

图1-3　纺织材料玩教具

图1-4　废旧材料玩教具

图1-5　自然材料玩教具

（二）按玩教具的制作主体分类

按制作主体不同，玩教具可分为自制玩教具（见图1-6）和工业成品玩教具（见图1-7）。

图1-6　自制玩教具

图1-7　工业成品玩教具

（三）按玩教具的主要功能分类

按主要功能不同，玩教具可分为益智类玩教具（见图1-8）、角色类玩教具（见图1-9）和建构类玩教具（见图1-10）等。

这里的“功能”是指玩教具在幼儿游戏与活动中发挥的作用。

图1-8　益智类玩教具

图1-9　角色类玩教具

图1-10　建构类玩教具

（四）按玩教具的时代性分类

按时代性不同，玩教具可分为传统玩教具（见图1-11）和现代玩教具（见图1-12）。

图1-11　传统玩教具

图1-12　现代玩教具

任务拓展

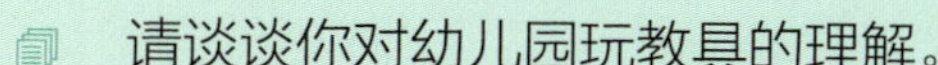

请谈谈你对幼儿园玩教具的理解。

任务二

自制幼儿园玩教具

无论现代工业成品玩教具制作得多么精致，它们依然无法完全替代自制玩教具在幼儿教育中的地位。自制玩教具是幼儿园课程的重要教育资源之一，也是幼儿园教师的必备技能。它对丰富教学活动、促进幼儿健康成长和创设优质幼儿园环境等都具有至关重要的意义，主要体现在以下几点。

（1）自制幼儿园玩教具可以激发幼儿的想象力，增强游戏的趣味性，丰富教学活动的内容。

（2）自制幼儿园玩教具可以促进幼儿大脑发育，提高幼儿的认知能力、观察能力和动手能力。

（3）自制幼儿园玩教具可以减少浪费、节约资源，同时还可以让幼儿从小树立环保意识。

（4）自制幼儿园玩教具可以增强幼儿与教师、家长、同学的沟通能力，并提高团队合作意识。

（5）自制幼儿园玩教具可以用于创设幼儿园环境，为幼儿学习、成长提供良好的教育资源。

本任务主要介绍幼儿园玩教具制作的基本原则，以及幼儿园玩教具的构思与设计。

任务目标

- 了解幼儿园玩教具制作的基本原则。
- 熟悉幼儿园玩教具的构思与设计方法。

一、了解幼儿园玩教具制作的基本原则

幼儿园玩教具的使用群体主要是幼儿，所以玩教具对幼儿的影响和幼儿对玩教具的体验感才是决定玩教具好坏的关键。因此，教师制作幼儿园玩教具的过程中需要遵循的基本原则可归纳为以下几点。

（一）安全性与环保性

幼儿园玩教具的安全性包括两方面，即材料本身的安全性和结构设计的安全性。幼儿年龄小，缺乏生活经验，因此，为保障幼儿身心健康，不仅要求使用的半成品材料符合国家安全卫生要求，还要求对废旧物品进行清洗消毒后再使用，避免细菌侵入幼儿体内。同时，玩教具的结构中还应避免出现锋利部位、细缝和小零部件等，防止锋利部位扎伤幼儿、细缝夹伤幼儿手指和幼儿误吞食小零部件等安全隐患事件的发生。

幼儿园玩教具的环保性主要是指玩教具制作使用的材料要有利于环境的保护和可持续发展，同时培养幼儿的环保意识。

（二）科学性和教育性

幼儿园玩教具的制作要符合科学原理，有利于提升幼儿的创造力，培养幼儿的情感和习惯，促进幼儿身心健康发展。

幼儿园玩教具要体现《幼儿园教育指导纲要（试行）》和《3～6岁儿童学习与发展指南》的精神和要求，发挥其在课堂中的教育功能，帮助幼儿理解抽象的概念和现象，促进幼儿思维发展，实现幼儿园教育活动的总目标。

（三）趣味性和艺术性

趣味性是玩教具最本质的属性，如果缺少趣味性，玩教具就失去了它应有的价值和意义。因此，在制作玩教具的过程中，要从幼儿的兴趣出发，充分考虑幼儿心理发展的特点和规律，增强玩教具的趣味性和吸引力。

除此之外，还要从形象、色彩和造型等方面对玩教具进行装饰，增强玩教具的艺术性，从而吸引幼儿的注意力，激发幼儿的探索欲。

（四）创新性和实用性

在玩教具的制作过程中，幼儿教师可以充分发挥其想象力和创造力，不断地从玩教具的外形、结构、使用方法和制作材料等多方面“推陈出新”，从而不断地给幼儿新鲜感。

同时，教师也可以为一种玩教具设计不同的玩法，实现一物多用，这样既可以节约资源，还可以从小培养幼儿的创新性思维和实用性意识。

二、学习幼儿园玩教具的构思与设计

（一）构思

构思是一种形象思维的过程。针对幼儿园玩教具而言，构思是指依据学前教育儿童活动过程中的内外部制约条件，对玩教具的选材、设计、制作、装饰、色彩及操作活动进行全面的思考与计划。

幼儿园玩教具制作通常先根据意图去构思，从多个角度寻找灵感，同时考虑用什么材料和怎么用，再通过对比和甄选，确定最佳方案。

在幼儿园玩教具制作中，构思和选材常常是连在一起的，可分两种情况。一是先构思后选材，强调对材料的选择和利用应符合构思立意的需要，并展现最佳效果。二是先选材后构思，即根据材料的特点展开联想，充分发挥材料的优势，构思出符合该材料的作品。由此可见，不管用哪种方式，构思和材料都是密切联系的，而且有时材料可以对构思起到启迪作用。

（二）设计

幼儿园玩教具的构思完成后，便需要对玩教具进行整体设计，常用的设计方法有以下4种。

1.原型法

原型法是指根据原材料本身的特点和属性展开联想，并设计玩教具的方法。该方法在不改变材料原型的基础上展开设计，基本保留了材料的原始特点。

2.组合法

组合法是指将两种或两种以上材料有机地结合在一起，从而获得具有新功能、新形式和新效果的玩教具。常用的组合方法有两种，即分解组合和混搭组合。

（1）分解组合是指利用同类材料进行组合，即在原有材料的基础上，把材料的结构进行切割、拆解和修剪，然后以不同的方式重新组合在一起，获得新的玩教具。

（2）混搭组合是指利用不同种类的材料进行组合，即将各种材料、色彩、功能不同的物品根据一定的规则重新组合成新的作品。

混搭组合的要求是整体搭配和谐统一并具有创意性，给人眼前一亮、耳目一新的感觉。

3. 仿生法

仿生法是指以仿生学为基础，利用自然界生物体（如植物、动物和细菌等）的形态、结构、功能和色彩等特征，有选择地进行模仿设计。该方法是一种重要的设计方法，为玩教具的设计开拓了新思路。

4. 设问法

设问法是指根据已有玩教具的设计方案，采用提问的方式，使用假设词语来启发设计者的思维。例如，使用“这个玩教具能否调整？”“这个玩教具能否有新的玩法？”等问句向设计者提问。该方法试图通过提问、假想和逆向思维等方式，激发出设计者更多的设计灵感，从而产生多元化的设计方案。

总之，幼儿园玩教具具有教育性、创新性、针对性和灵活性等多个特性，在幼儿教育中具有重要作用。因此，每个幼儿教师都需要不断地学习、设计和制作多种类型的玩教具。

任务拓展

- 简述幼儿园玩教具制作的基本原则。
- 简述幼儿园玩教具的设计方法。

传承红色精神——幼儿园教师研制“地道战”玩教具

2018年10月30日至11月4日，“张謇杯”全国幼儿园优秀自制玩教具展评活动在江苏省海门市举办，河北省某幼儿园的三位教师研制的玩教具“地道战”荣获全国一等奖。

据“地道战”玩教具的设计者介绍，该玩教具是以家乡文化——“地道战精神”为主题进行创作的。“地道战”玩教具由六个立体板块组合而成，俯视图呈“和平鸽”的造型（见图1-13），每个板块都有单独的主题，可以开展不同的游戏活动。例如，“大槐树公社”主题中，有一百多个形态各异的作战泥塑，均由教师和孩子一起亲手捏制，孩子们在这里可以开展角色扮演的游戏。

图1-13 玩教具“地道战”

此外，玩教具“地道战”里还布置了步枪、小推车、水循环设备、吊桥、手摇帆板等物品，幼儿在玩耍的过程中不仅能够了解有关地道战的故事，还能够感受到中国劳动人民的无限智慧，体验到劳动的乐趣。

项目二 玩转纸材料玩教具

内容提要

纸是中国古代四大发明之一，在人们的生活中具有举足轻重的地位。纸在材质方面的可塑造性和在观感方面的绚丽性都能够引起幼儿的好奇心，激发幼儿的探索欲，提高幼儿的注意力等。因此，纸材料玩教具是幼儿园玩教具中当之无愧的主角。

本项目将以任务的形式分别介绍折纸类、皱纹纸类、剪纸类、卡纸类、染纸类、瓦楞纸类、衍纸类和纸浆类玩教具的制作方法。

学习目标

知识目标

- 了解不同种类纸的特点。
- 掌握纸材料玩教具的制作方法。
- 掌握教学活动的开展流程。

能力目标

- 能够独立进行折纸、剪纸、染纸等纸造型的设计与制作。
- 能够将各种纸造型的创作灵活应用于手工教学和玩教具制作。

素质目标

- 培养创新意识，提高创新能力。
- 感知中国传统手工艺的魅力，提升文化认同感，增强民族自豪感。

叠叠叠——折纸类

折纸是一项古老的传统艺术，古时候通过口耳相传、亲自示范等方式流传至今，它既是古代文化的传承，也是艺术美的传承。折纸主要是利用纸的不同质地和性能，采用折、叠、翻、插等手法，以剪、接、拼、画等技巧为辅助，表现出各种物体的空间形象。

幼儿阶段正是大脑发育的重要时期，幼儿想象力、创造力、记忆力和思维能力的发展，都离不开幼儿手部的操作练习。而折纸本身就可以促进感觉统合，使左右脑协调发展，并开发想象力，加强精细动作的发展。此外，折纸活动种类繁多，可以给幼儿带来无穷的乐趣，因此深受幼儿喜爱，是幼儿园不可缺少的课程。

本任务主要介绍对边折、对边集中折、双正方形折、对角折、向中心折、集中一角折和双三角形折等基本折法，以及制作“房子”“圣诞树”“呱呱叫”和“帽人”的方法。开始学习本任务之前请大家提前准备彩色折纸、剪刀、双面胶、铅笔、橡皮和直尺等材料，如图2-1所示。

图2-1　材料准备

任务目标

- 熟悉各种折纸符号的含义。
- 掌握折纸的基本折法。
- 熟练掌握多种折纸方法，并指导幼儿进行折纸活动。

一、学习折纸符号

折纸符号及其图解如图2-2所示。

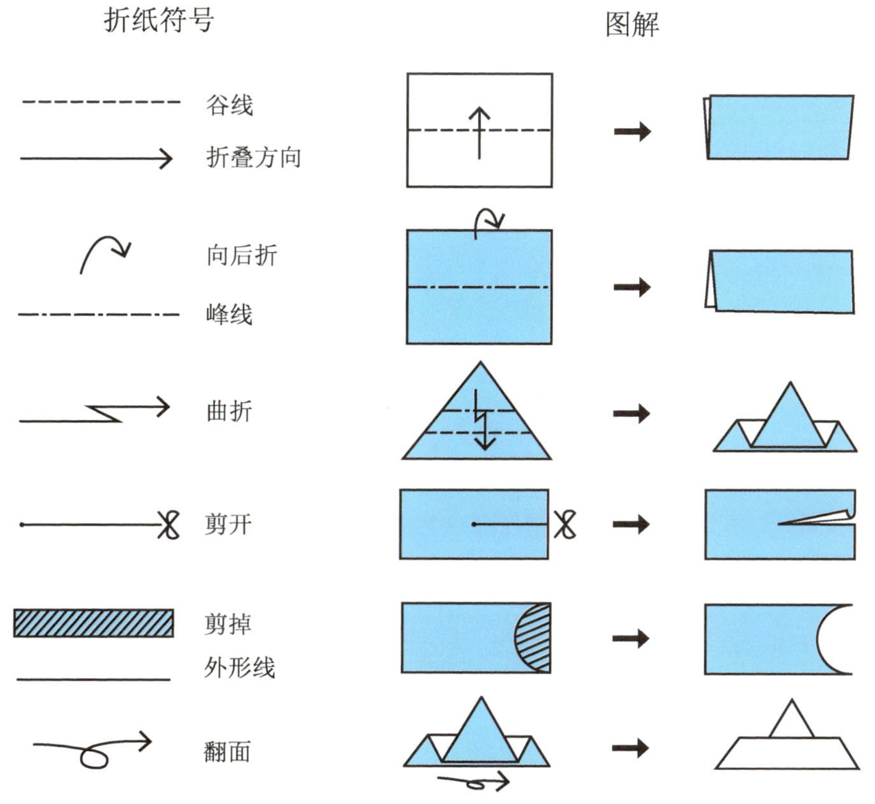

图2-2 折纸符号及其图解

在折纸中，基本的折法有很多，如对边折、对边集中折、双正方形折、对角折、向中心折、集中一角折和双三角形折等。

（1）对边折是将正方形或长方形纸的两边相对折叠，如图2-3所示。

（2）对边集中折是将正方形或长方形纸相对的两边向中线相对折叠，如图2-4所示。

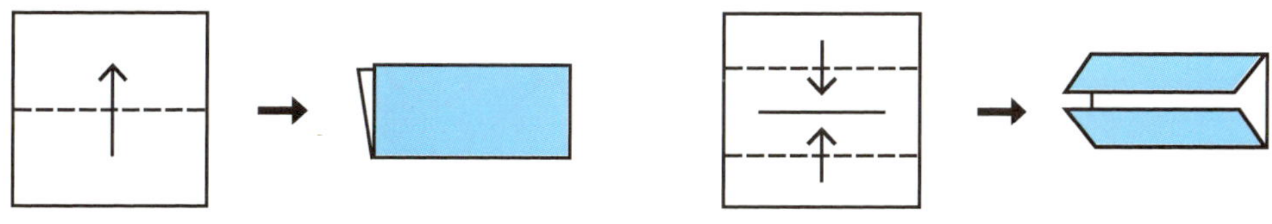

图2-3 对边折

图2-4 对边集中折

（3）双正方形折是将正方形纸先对边折，再根据中线一角向前折、一角向后折，最后从中间撑开、压平，如图2-5所示。

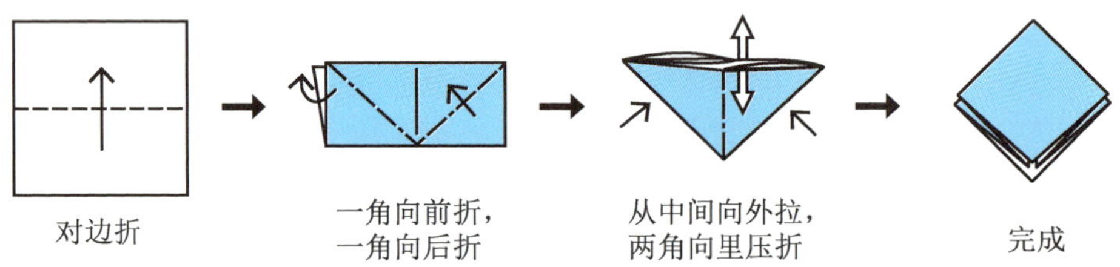

图2-5　双正方形折

（4）对角折是将正方形纸的对角相对折叠，如图2-6所示。

（5）向中心折是将正方形纸先折出对边或对角的折痕，找出中心点，再将四角分别向中心折，如图2-7所示。

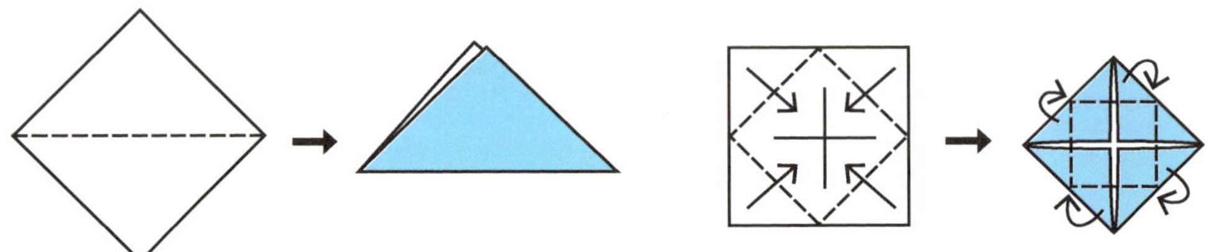

图2-6　对角折　　图2-7　向中心折

（6）集中一角折是将正方形纸相邻的两边向对角线折叠，如图2-8所示。

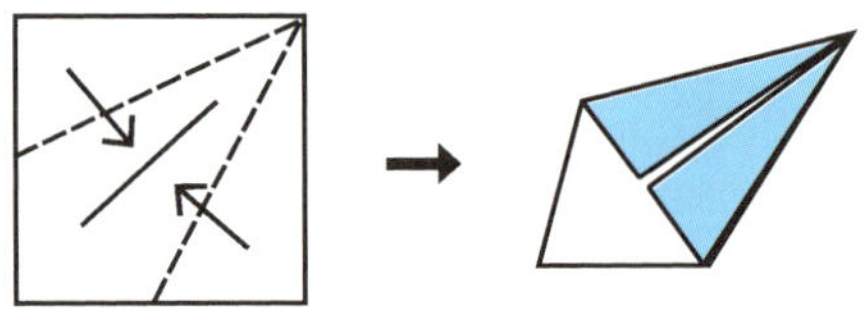

图2-8　集中一角折

（7）双三角形折是将正方形纸先进行对角折，得到三角形，再根据中线一角向前折、一角向后折，最后从中间撑开、压平，如图2-9所示。

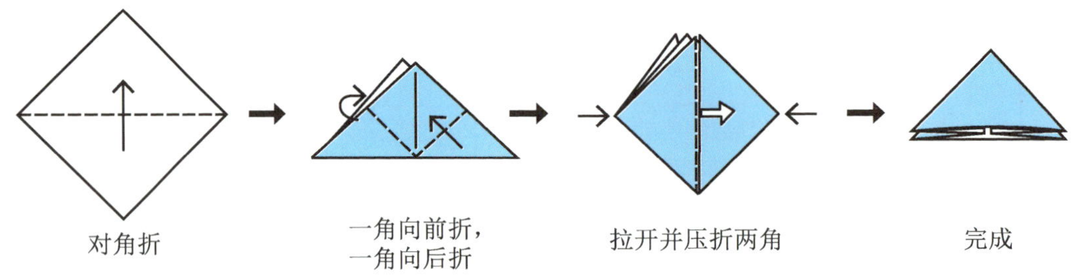

图2-9　双三角形折

二、制作“房子”

步骤 1 准备一张正方形的彩纸，将其进行对边折和对边集中折，并展开，然后将彩纸的四分之一向下折，如图2-10（a）所示。

步骤 2 将彩纸翻面，如图2-10（b）所示，并对其上方的左右两角进行折叠，如图2-10（c）所示。

步骤 3 将彩纸左右两边向中线对折，并翻出小角，如图2-10（d）所示。

步骤 4 将彩纸翻面即可完成“房子”的制作，如图2-10（e），（f）所示。

(a)

(b)
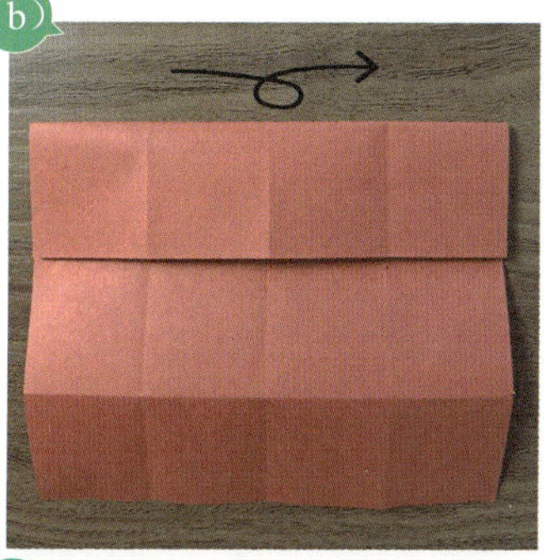
(c)
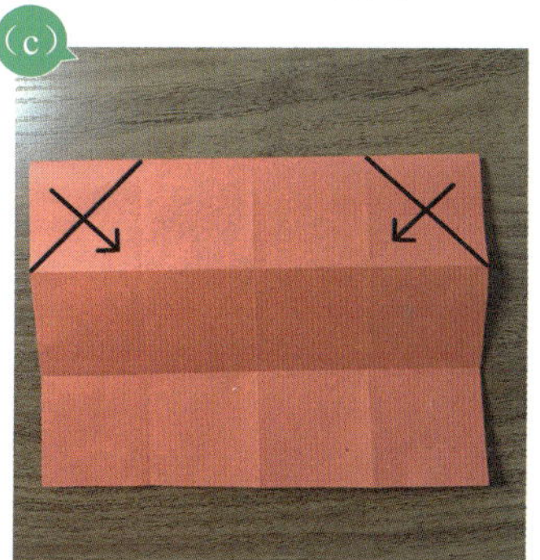
(d)
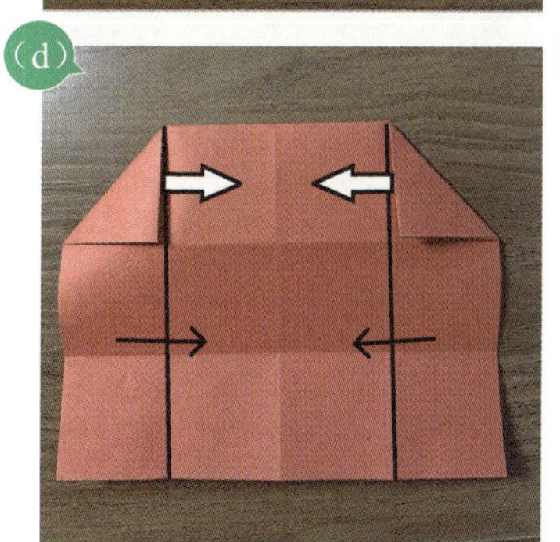
(e)
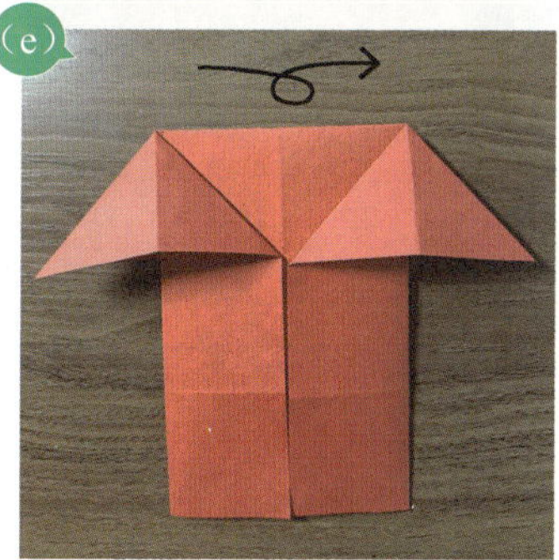
(f)

图2-10 “房子”的折法

三、制作“圣诞树”

步骤 1 准备一张正方形的彩纸，进行双正方形折，并对上方的正方形进行集中一角折，如图2-11（a）所示。

步骤 2 将折叠的两个三角形撑开，并根据折痕进行按压，如图2-11（b）所示。

步骤 3 将彩纸翻面［见图2-11（c）］，然后以同样的方式对另一面的正方形进行集中一角折，并撑开按压，如图2-11（d）所示。

步骤 4 将四边形下方的小三角形剪掉，如图2-11（e）所示。

步骤 5 用铅笔在三角形的两条长边上标记5组对应的点，如图2-11（f）所示。

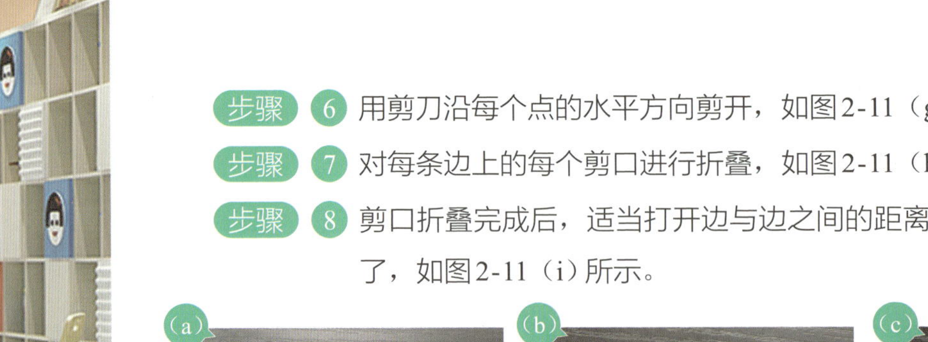

步骤 6 用剪刀沿每个点的水平方向剪开，如图2-11（g）所示。

步骤 7 对每条边上的每个剪口进行折叠，如图2-11（h）所示。

步骤 8 剪口折叠完成后，适当打开边与边之间的距离，“圣诞树”就制作完成了，如图2-11（i）所示。

图2-11 “圣诞树”的折法

四、制作“呱呱叫”

步骤 1 准备一张正方形的彩纸，对其进行向中心折并翻面，如图2-12（a）所示。

步骤 2 继续进行向中心折并翻面，如图2-12（b）所示。

步骤 3 沿“十”字线折叠［见图2-12（c）］，即可完成“呱呱叫”的制作，其反面如图2-12（d）所示，正面如图2-12（e）所示。

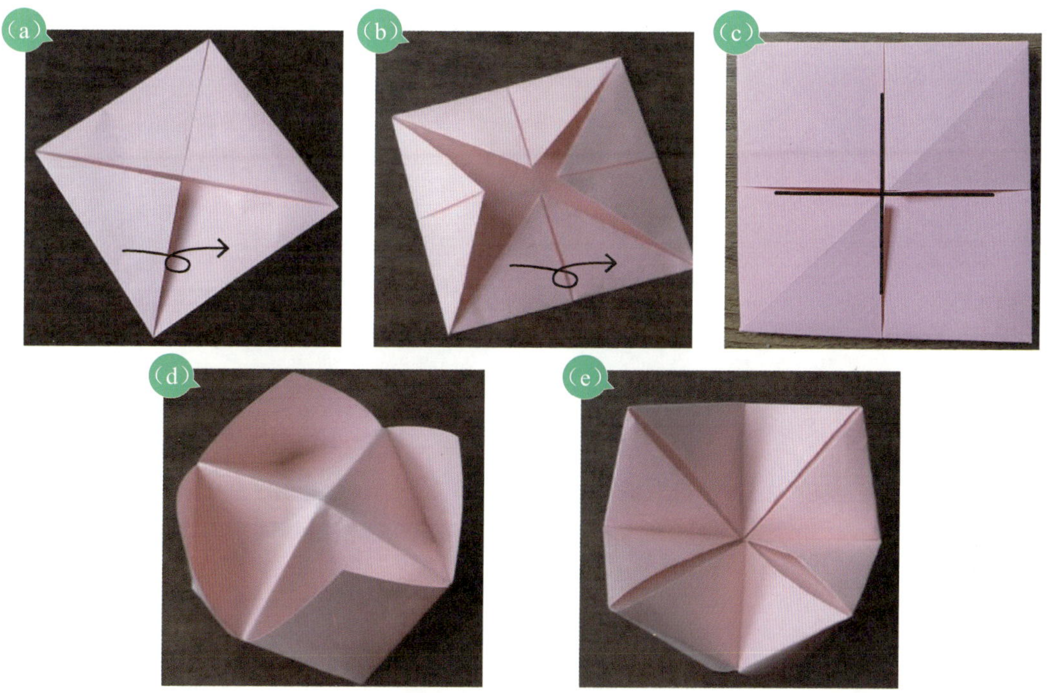

图2-12 “呱呱叫”的折法

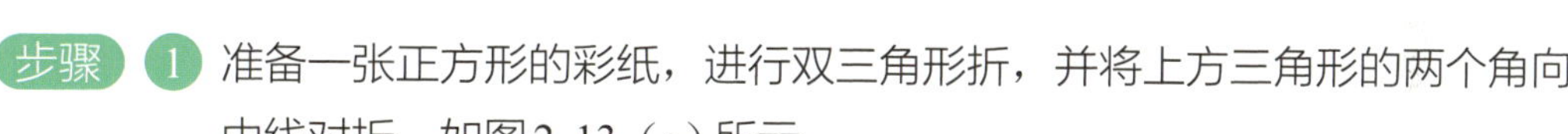

五、制作“帽人”

步骤 1 准备一张正方形的彩纸，进行双三角形折，并将上方三角形的两个角向中线对折，如图2-13（a）所示。

步骤 2 将上方的小三角形撑开，并将其开口处的两个点对齐［见图2-13（b）］，然后进行按压，得到小正方形，再以同样的方式对另一个三角形进行折叠，如图2-13（c）所示。

步骤 3 对小正方形进行对角折，如图2-13（c）所示。

步骤 4 沿着图2-13（d）中的峰线进行向后折。

步骤 5 将彩纸最下面的部分向左右两个方向拉开并按压，如图2-13（e）所示。

步骤 6 翻面［见图2-13（f）］，然后重复步骤1～5。

步骤 7 折叠完成后获得的折纸造型是宝塔，如图2-13（g）所示。

步骤 8 将宝塔上下颠倒，并画上五官，“帽人”便制作完成了，如图2-13（h）所示。

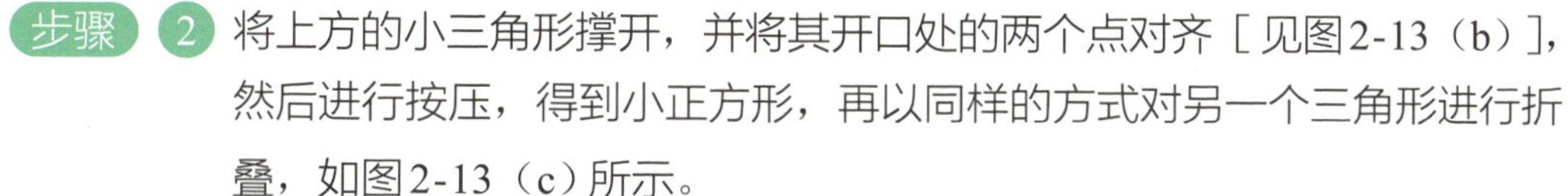

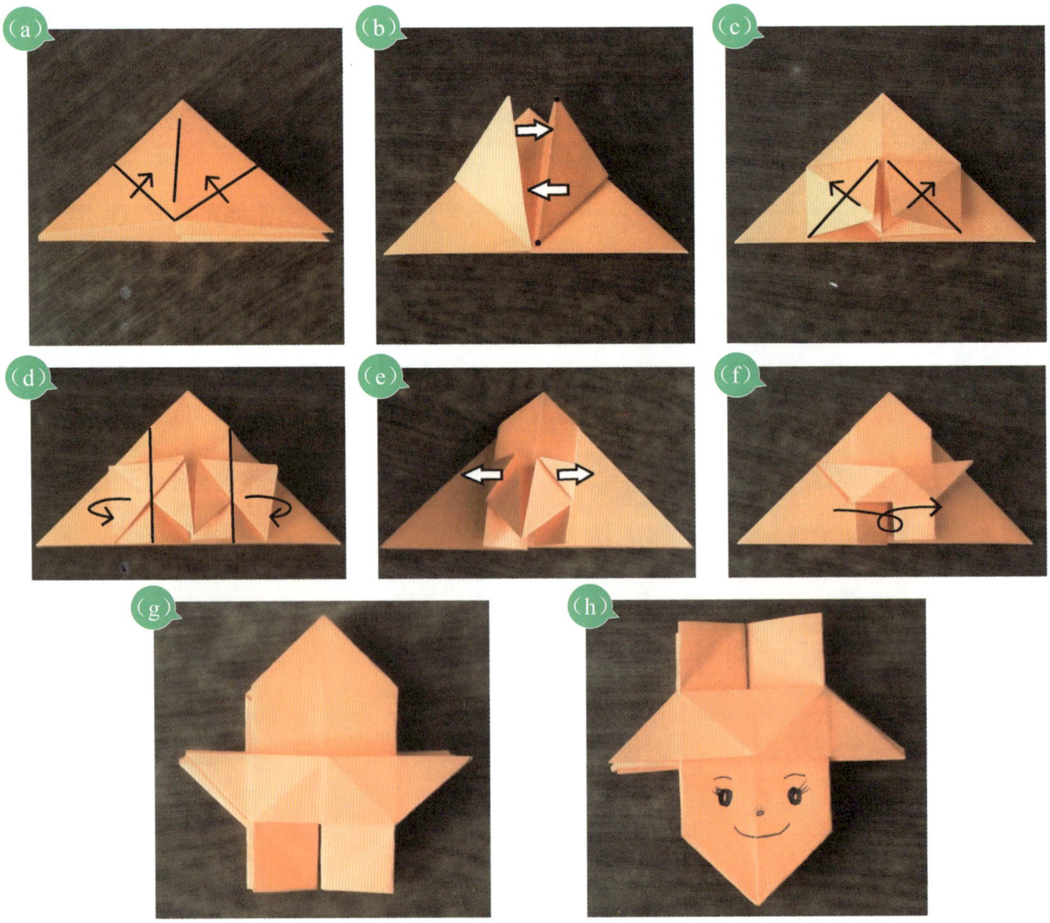

图2-13 “帽人”的折法

任务拓展

- 自学10种以上其他造型的折纸方法，如小白兔、小鹰、金鱼、公鸡、玫瑰、鸭子、宝塔、青蛙、百合花、小马、钢琴、帆船和双船等。
- 运用折纸完成特定主题活动，如“动物世界”“海洋世界”和“鲜花朵朵”等。

折“小白兔”和“小鹰”

成果展示

折纸类玩教具的制作成果展示如图2-14所示。

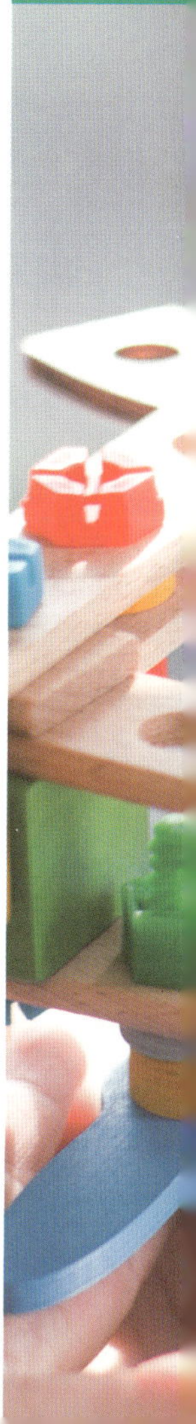

图2-14　成果展示

小狐狸

大班美工课

◆ 活动目标

1．了解折纸的造型及艺术特点，尝试独立完成折纸任务。

2．锻炼幼儿肌肉的协调性。

3．提高幼儿的创造力、动手制作能力及审美能力等。

◆ 活动重点

引导幼儿学习小狐狸的折纸方法。

◆ 活动难点

培养幼儿认真、细心的行为习惯。

◆ 活动准备

小狐狸的折纸方法范例、彩色折纸、水彩笔和课件等。

◆ 活动过程

一、激趣导入

教师："小朋友们，大家有没有见过小狐狸？还有，你们在哪里看到的？它是什么样的呢？大家都来说一说。"

活动以提问的方式开始，不仅可以激起小朋友们对小狐狸的兴趣，还可以使每个小朋友积极参与讨论小狐狸外貌的话题，并充分了解小狐狸的特点。

二、教师折纸示范

1. 教师播放课件，一边讲解折纸步骤，一边示范折纸方法。

（1）先将一张正方形彩纸对边折，变成一张长方形的纸，然后再对边折，变成一个小正方形。

（2）将正方形打开，然后将4个角沿着线向中心折。

（3）将彩纸翻面，然后继续将4个角向中心折。

（4）再次将彩纸翻面，然后将3个角向中心折。

（5）又一次将彩纸翻面，并以未折角向下的方位摆放，然后将上面两个角的小正方形向上打开并压平。

（6）重新将彩纸翻面，并将未折角轻轻地拉开，同时将左右两边进行对边集中折。此时，小狐狸的嘴巴已经成型了。

（7）另取一张彩纸，做成纸条，塞进小狐狸的下巴中，抽动纸条，小狐狸的嘴巴就会一动一动的。

（8）将彩纸翻面，然后将两条长边以适当的角度向中线方向折，再将下方折出的尖角向上折，最后翻面并画上小狐狸的耳朵、眼睛和舌头，则嘴巴会动的小狐狸就制作完成了。

2. 教师强调折纸时的注意事项。

（1）折纸时注意边与边、角与角要对齐。

（2）拉开未折的角时不要过于用力拉扯，以免将纸撕破。

三、幼儿练习制作小狐狸

1. 分小组尝试自己动手折小狐狸，教师进行指导。

2. 教师表扬独立完成折纸活动的小朋友，并鼓励小朋友互相合作，同时请部分动手能力强的小朋友帮助其他小朋友折纸。

3. 将小狐狸粘贴到白纸上，鼓励小朋友绘制图案，如太阳、白云、草地、蘑菇和小鸟等，构成一幅完整的作品。

四、幼儿展示作品

小朋友将自己的作品贴在展示墙上，供大家欣赏。

五、小结

教师：“今天小朋友们学习了折哪个小动物的方法？还给小动物画上了哪些部位？这个小动物会说话吗？它是怎么说话的呢？小朋友真聪明，都答对了。今天大家学习了折小狐狸的方法，并给小狐狸画上了耳朵、眼睛和舌头，然后小朋友们一起来抽动小纸条，就可以看到小狐狸的嘴巴开始动了，开始和小朋友们说话了。”

以提问的方式对这次活动进行总结，帮助小朋友们回忆活动的整个过程，加深他们的记忆。

◆ 活动延伸

教师：“小朋友们，今天大家折了一只可爱的小狐狸，回家和爸爸妈妈分享一下自己的作品，并和他们一起动手折一折。另外，你还喜欢什么小动物，也和爸爸妈妈一起折一折。大家说好不好？”

任务二

做做做——皱纹纸类

皱纹纸是纸面呈现皱纹状的加工纸的统称，其肌理特殊、质地柔软、颜色艳丽，通过卷、搓、编和粘等方法可以制作出多种物体的立体造型。例如，纸艺花就是利用皱纹纸制成的立体花，不仅外观好看，还可以长期保存。

纸艺花可以用来装饰墙面、走廊和活动区等，是幼儿进行角色游戏的道具，同时也是节日礼物和幼儿园主题装饰中不可缺少的元素。因此，纸艺花在幼儿园教育中必不可少，教师们应掌握制作纸艺花的方法。

本任务主要介绍制作“非洲雏菊”和“山茶花”的方法。开始学习本任务之前请大家提前准备不同颜色的皱纹纸、细铁丝、剪刀、美工刀、双面胶、胶带和胶水等材料，如图2-15所示。

图2-15　材料准备

任务目标

- 了解皱纹纸的特点。
- 熟练掌握各种纸艺花的制作方法。
- 熟练运用纸艺花制作节日礼物。

一、制作“非洲雏菊”

（一）分析“非洲雏菊”的结构特征

“非洲雏菊”的结构包括花瓣、花心、花托和花秆，其详细特征如下。

（1）花瓣：数量有若干个，且有多层，高约6 cm、宽约1 cm。

（2）花心：分为内心和外心。其中，内心为咖啡色圆形，高约1.5 cm；外心为黄色圆形，高约2 cm。

（3）花托：形似锯齿状的扇形，扇形大小是半径约为5.5 cm圆的八分之一。

（4）花秆：高约20 cm。

根据“非洲雏菊”的结构特征，可确定其制作材料，如图2-16所示。其中，橘红色高弹皱纹纸用于做花瓣，咖啡色和黄色高弹皱纹纸用于做花心，绿色高弹皱纹纸用于做花托，铁丝用于做花秆。

图2-16 “非洲雏菊”的制作材料

（二）制作“非洲雏菊”

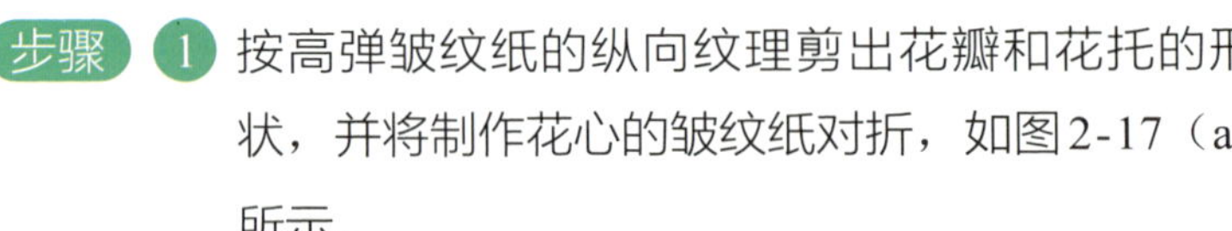

步骤 1 按高弹皱纹纸的纵向纹理剪出花瓣和花托的形状，并将制作花心的皱纹纸对折，如图2-17（a）所示。

步骤 2 做花心。先在用于制作花心的皱纹纸上贴上双面胶并对折多次，接着用剪刀将其剪出丝状，然后用铁丝折挂钩，并以先咖啡色再黄色的顺序卷出花心，如图2-17（b）～（e）所示。

步骤 3 贴花瓣。贴花瓣时要注意交错粘贴，即第二层的每片花瓣贴在第一层每组相邻花瓣中间的位置，如图2-17（f），（g）所示。

步骤 4 在花瓣下方粘花托，如图2-17（h），（i）所示。

步骤 5 将绿色皱纹纸缠裹在铁丝上制作花杆，如图2-17（j）所示。

步骤 6 整理花瓣，用指甲顺着纸的纹理刮花瓣的末梢处，使它形成开放状，如图2-17（k）所示。一朵美丽的“非洲雏菊”就制作完成了，如图2-17（l）所示。

图2-17 “非洲雏菊”的制作过程

二、制作“山茶花”

（一）分析“山茶花”的结构特征

“山茶花”的结构包括花瓣、花心、花托、花叶和花秆，其详细特征如下。

（1）花瓣：山茶花的花瓣是心形的，数量约5片，高约6 cm、宽约4 cm。

（2）花心：分为内心和外心，形状与向日葵相似。其中，内心为咖啡色圆形，高约2.5 cm；外心为黄色圆形，高约3.5 cm。

（3）花托：形似边长约为5 cm的正方形，其中一条边修圆，一条边剪锯齿。

（4）花叶：数量约2片，高约6 cm、宽约3 cm。

（5）花秆：高约20 cm。

根据山茶花的结构特征，可确定其制作材料，如图2-18所示。其中，红色高弹皱纹纸用于做花瓣，咖啡色和黄色高弹皱纹纸用于做花心，绿色高弹皱纹纸用于做花托和花叶，铁丝用于做花秆和叶柄。

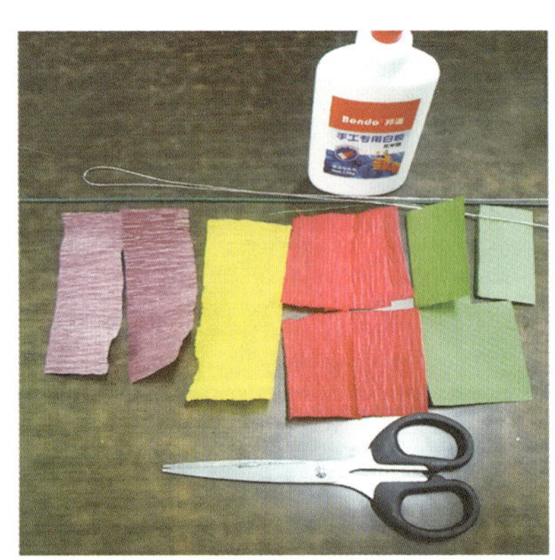

图2-18 “山茶花”的制作材料

（二）制作“山茶花”

1 先剪出花瓣、花托和花叶的形状，并将制作花心的皱纹纸对折后剪出丝状并贴上双面胶，然后将铁丝夹在花叶形状中间，并用胶水粘贴，花叶便制作完成了，如图2-19（a）所示。

步骤 2 用铁丝折挂钩卷出花心，如图2-19（b）所示。

步骤 3 为花瓣做造型，即将花瓣上端做卷，如图2-19（c）所示。

步骤 4 粘贴花瓣（注意：后一片花瓣要覆盖前一片花瓣的一半）。将五片花瓣依次粘贴好，如图2-19（d）所示。

步骤 5 在花朵的下方粘贴花托，如图2-19（e）所示。

步骤 6 将绿色皱纹纸缠裹在铁丝上制作花秆，然后把已做好的花叶缠裹在花秆上，美丽的"山茶花"就做好了，如图2-19（f）所示。

(a)
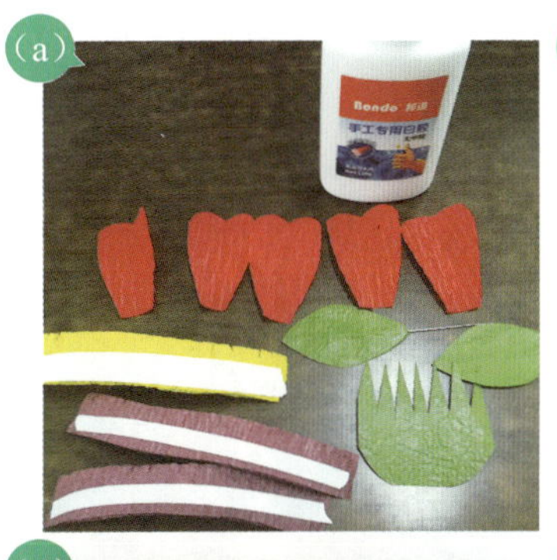

(b)

(c)

(d)

(e)

(f)

图2-19 "山茶花"的制作过程

任务拓展

- 自学5种以上纸艺花的做法。
- 以"母亲节的礼物"为主题开展纸艺花制作活动。

成果展示

皱纹纸类玩教具的制作成果展示如图2-20所示。

图2-20 成果展示

串串红

小班美工课

◆ 活动目标

1. 通过观察实物，了解串串红的外形特点，探索制作串串红的方法。

2. 学习将小长方形的皱纹纸拧成小蝴蝶形状的方法，用于制作串串红的花瓣。

3. 通过手工活动，训练幼儿肌肉的灵活性。

4. 通过观察和制作串串红，培养幼儿的观察力和动手能力。

◆ 活动准备

1. 家长提前带领幼儿观察串串红。

2. 每组分配一瓶胶水和两块抹布。

3. 准备剪好的红色小长方形皱纹纸和绿色小长方形皱纹纸各若干张。

◆ 活动过程

一、情景介绍、引导观察

教师介绍活动情景，然后展示串串红图片，并以提问的方式引导幼儿观察串串红的特征，如花、叶和茎的颜色特征、位置分布等，激发幼儿的好奇心与兴趣，提高幼儿的观察能力。

教师：“今天小熊的饭店要开业了，大家制作一束鲜花祝贺小熊开业大吉，好不好？”

教师：“你们知道这是什么花吗？哦，对了，这是串串红，大家看一下串串红是什么样子的？哪位小朋友可以说一下？串串红的样子红艳艳，代表生意兴隆，所以今天大家制作一束串串红送给小熊好不好？”

二、介绍材料、鼓励尝试

教师介绍材料的用途，并鼓励幼儿自己尝试动手制作，锻炼幼儿的创造力和动手能力。

教师：“老师给大家准备了一些红色皱纹纸，用于制作串串红的花朵，请大家先尝试自己动手制作串串红的花朵。”

幼儿根据观察结果尝试制作串串红花朵，教师观察幼儿的制作方法。

三、讲解制作方法

教师展示一支制作好的串串红，并详细讲解其制作过程，培养幼儿的注意力和学习能力。

教师："小朋友们，这是老师用皱纹纸做的串串红花朵，请大家注意观察老师的手指是怎样拧皱纹纸的。"

幼儿跟随教师练习拧皱纹纸的动作，教师观察幼儿的动作，并进行针对性指导。

教师讲解串串红制作的完整过程，即先用胶水粘贴花茎，再粘贴叶子，最后粘贴花朵。制作过程中要注意尽可能将花茎贴满花朵，丰富花束。

四、幼儿动手制作

幼儿自己制作串串红，教师进行指导。

五、作品展示

小朋友们展示自己的作品，并分享制作过程和方法。

◆ 活动延伸

将小朋友们制作好的串串红作品展览在班级走廊的墙面上，供大家一起欣赏。

任务三

剪剪剪——剪纸类

剪纸是一种用剪刀和刻刀在纸上剪刻花纹，并用于装点生活或配合其他民俗活动的民间艺术。中国剪纸历史悠久，考古学家发现并证实，南北朝时期就已经有了剪纸。又由于剪纸具有强烈的装饰性、趣味性和实用性，所以千百年来剪纸艺术依然发展蓬勃、经久不衰。

剪纸可形象地表示多种图案，如漂亮的窗花、美丽的灯笼和生动的动物等，它是幼儿喜欢的一种艺术形式。而且，剪纸的应用范围广泛，它可以用于装饰环境、引导教育和培养幼儿艺术素养等。

按照不同的分类标准，剪纸可分为不同的类别。

按剪刻技巧不同，剪纸可分为3类。

（1）阳刻剪纸：保留形体与造型线条，剪去线条以外的块面部分，如图2-21所示。

（2）阴刻剪纸：与阳刻相反，减去形体与造型线条，保留块面部分，如图2-22所示。

（3）剪影：抓住对象的特征，对其轮廓进行刻画，只剪形体的外轮廓，如图2-23所示。

图2-21　阳刻剪纸

图2-22　阴刻剪纸

图2-23　剪影

按色彩效果不同，剪纸可分为3类。

（1）单色剪纸：只有一种颜色的剪纸，红色最为常见，如图2-24所示。

（2）套色剪纸：以阳刻剪纸为主，在需要套色处背面贴上色纸，如图2-25所示。

（3）染色剪纸：将多张较薄的生宣纸叠在一起剪刻，再用染料（可加入适量的酒精，便于渗透）点染，染后的剪纸作品色彩鲜明、层次丰富，如图2-26所示。

图2-24　单色剪纸

图2-25　套色剪纸

图2-26　染色剪纸

按折叠方式不同，剪纸可分为二折剪纸、三折剪纸、四折剪纸、五折剪纸、六折剪纸、八折剪纸、九折剪纸、十折剪纸、十二折剪纸、二方连续剪纸和四方连续剪纸等。

本任务主要介绍二折剪纸、四折剪纸、五折剪纸、六折剪纸、八折剪纸、二方连续剪纸和四方连续剪纸等不同折法的剪纸，并设计制作不同类型的窗花。开始学习本任务之前请大家提前准备彩色软纸、彩纸、剪刀、刻刀和双面胶等材料，如图2-27所示。

图2-27　材料准备

任务目标

- 了解剪纸的特点和分类。
- 运用剪纸的不同折法剪出多种多样的窗花。

一、学习二折剪纸

步骤 1 取正方形彩纸，如图2-28（a）所示。

步骤 2 将彩纸对边折，如图2-28（b）所示。

步骤 3 用铅笔在折好的纸上绘制图案，如图2-28（c），（d）所示。

步骤 4 从小面积的造型入手，先用刻刀按照图案进行雕刻，再用剪刀沿图案边缘剪出整个图案外形，最后展开。漂亮的金鱼和猴子就剪好了，如图2-28（e），（f）所示。

(a)

(b)
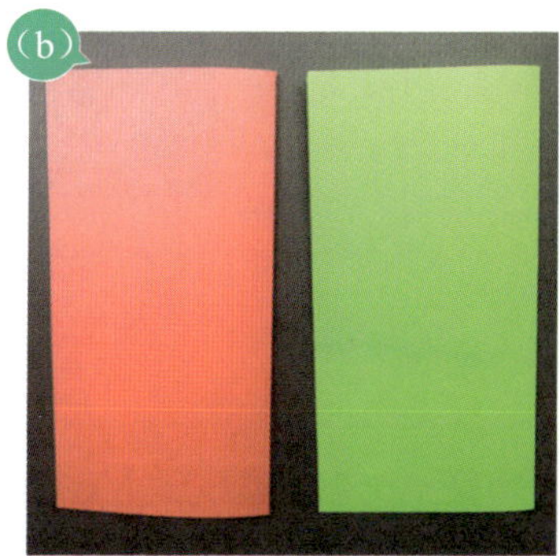
(c)

(d)

(e)

(f)

图2-28 二折剪纸的制作过程

二、学习四折剪纸

步骤 1 取正方形彩纸，将其对角折两次，如图2-29（a）所示。

步骤 2 先用铅笔绘制图案，再用刻刀刻出剪纸图案里面的细节，如图2-29（b）所示。

步骤 3 用剪刀沿图案边缘剪出整个图案外形，如图2-29（c）所示。

步骤 4 展开，漂亮的窗花就剪好了，如图2-29（d）所示。

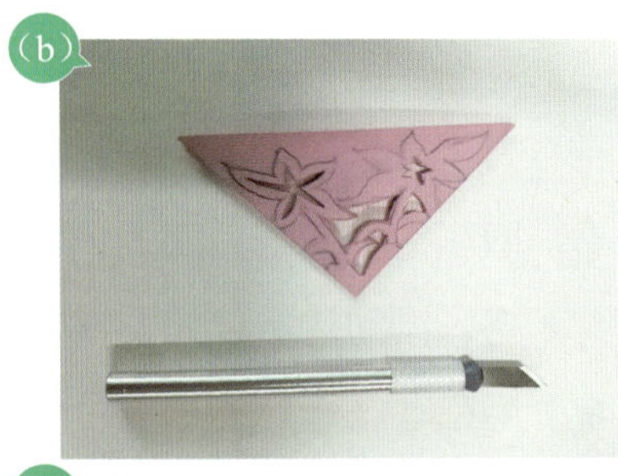

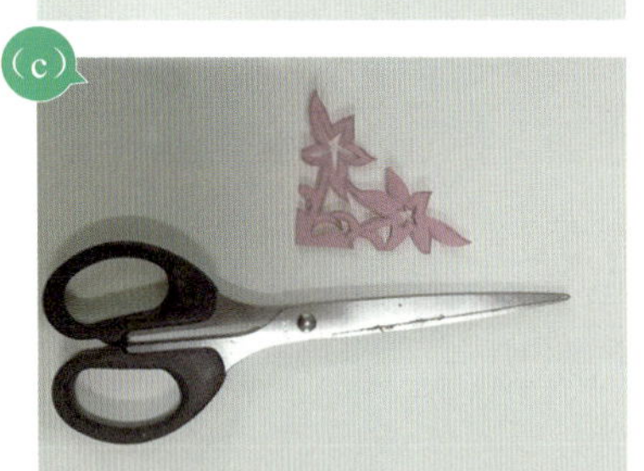

图2-29　四折剪纸的制作过程

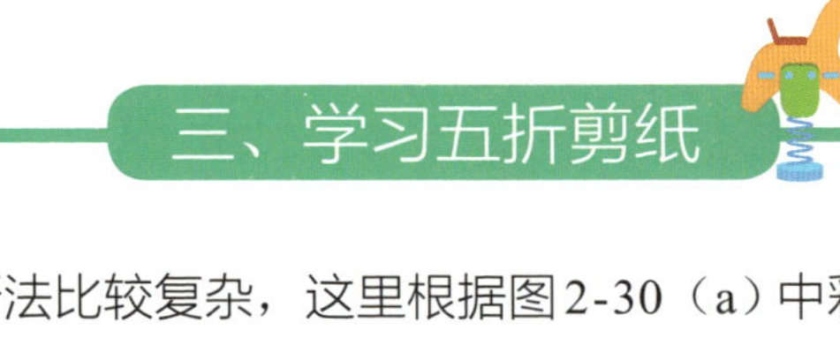

三、学习五折剪纸

步骤 1 该折法比较复杂，这里根据图2-30（a）中彩纸的摆放顺序（即从上到下、从左到右）进行详细讲解。

（1）取正方形的彩纸。

（2）将彩纸对角折，获得大三角形。

（3）将左侧的角向中间的点翻折（中间的点通过对折大三角形并展开，再将上面的角向下对折并展开获得）。

（4）将左侧折叠的小三角形展开，并根据折痕标记右侧角将要折叠的位置。其中，三角形左边腰线上的点是小三角形的折痕与大三角形腰线的交点，底边上的点是底边的中点。

（5）以底边中点为轴心翻折右侧的角，要求右侧的底边落在左边腰线上的点处，接着继续将右侧翻折到同样的位置。

（6）最后翻面，翻折右侧的角，并将角的两边对齐。

剪窗花

步骤 2 用铅笔绘制图案，如图2-30（b）所示。

步骤 3 用刻刀刻出剪纸图案里面的细节，如图2-30（c），（d）所示。

步骤 4 用剪刀沿图案边缘剪出整个图案外形，如图2-30（e）所示。

步骤 5 展开，漂亮的窗花就剪好了，如图2-30（f）所示。

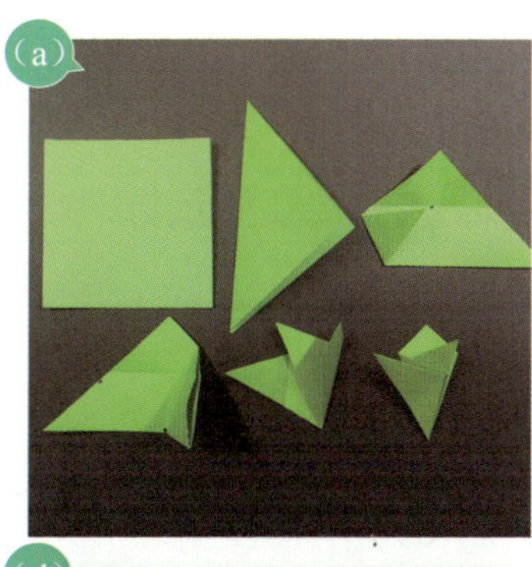
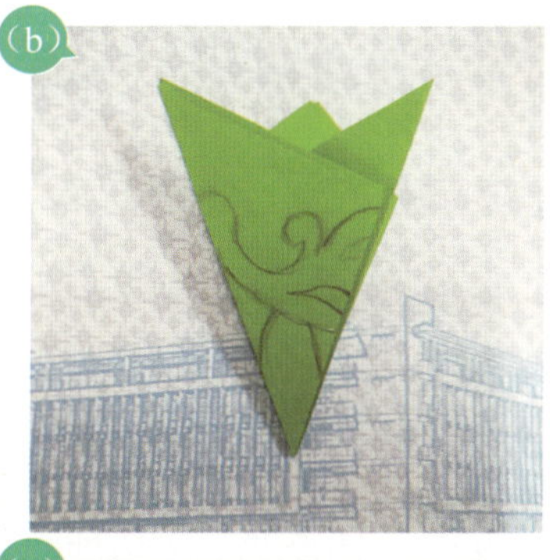

图2-30　五折剪纸的制作过程

四、学习六折剪纸

步骤 1 取正方形彩纸，将其对角折两次，展开一次，从底边上找到中心点，然后以该点为轴心，将三角形折成三等分，最后将整体沿中线对折，如图2-31（a）所示。

步骤 2 用铅笔绘制图案，如图2-31（b）所示。

步骤 3 先用刻刀刻出剪纸图案里面的细节，再用剪刀沿图案边缘剪出整个图案外形，最后展开，漂亮的窗花就剪好了，如图2-31（c）所示。

图2-31　六折剪纸的制作过程

五、学习八折剪纸

步骤 1 取正方形彩纸，对边折两次，对角折两次，如图2-32（a）所示。

步骤 2 为了方便剪刻，可以用订书机固定纸的整体造型，如图2-32（b）所示。

步骤 3 先用铅笔绘制图案，再用刻刀刻出剪纸图案里面的细节，最后用剪刀沿图案边缘剪出整个图案外形，如图2-32（c）所示。

步骤 4 将剪纸展开，漂亮的窗花就剪好了，如图2-32（d）所示。

(a)
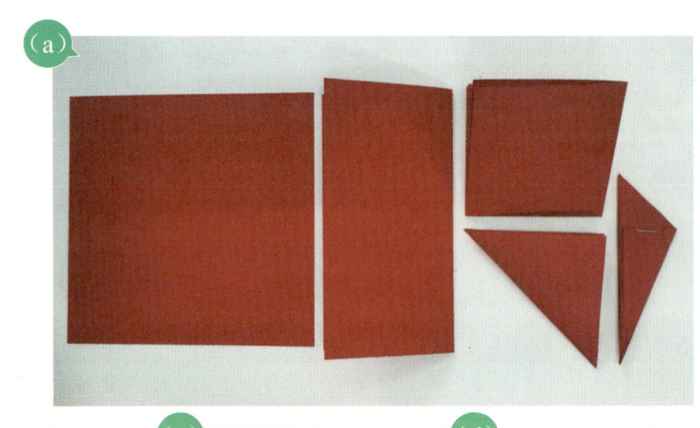

(b)
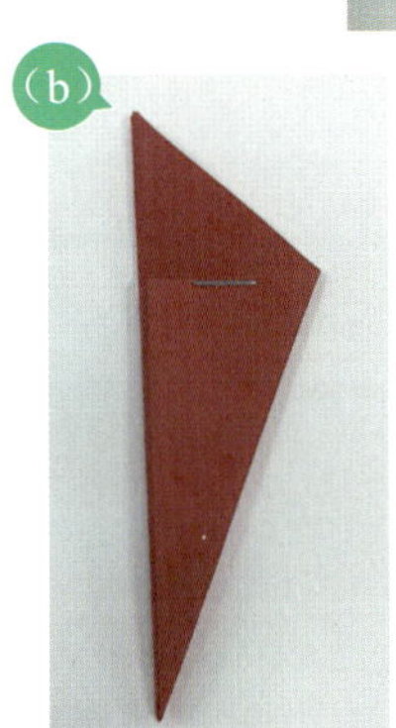

(c)

(d)

图2-32　八折剪纸的制作过程

知识点拨

告诉大家一个秘密哦，其实二折、四折、五折、六折和八折等不同折法的剪纸都可以用一样的图案，只是边角数量不一样，如三折剪纸有三个角、四折剪纸有四个角、五折剪纸有五个角等，大家一起动手试试吧！

六、学习二方连续剪纸

步骤 1 取一个长方形或正方形的彩纸，根据需要将其等分为多份，并以一份向前一份向后的方式进行折叠，如图2-33（a）所示。

步骤 2 用铅笔绘制图案，如图2-33（b）所示。

步骤 3 先用刻刀刻出剪纸图案里面的细节，再用剪刀沿图案边缘剪出整个图案外形，最后将剪纸展开，漂亮的青蛙就剪好了，如图2-33（c）所示。

(a)

(b)

(c)

图2-33　二方连续剪纸的制作过程

七、学习四方连续剪纸

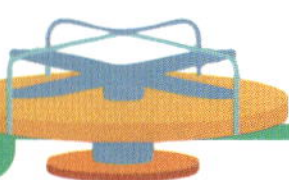

步骤 1 取一个正方形的彩纸，对边折两次获得一个小正方形，并用铅笔绘制图案，如图2-34（a）所示。

步骤 2 先用刻刀刻出剪纸图案里面的细节，再用剪刀沿图案边缘剪出整个图案外形，最后将剪纸展开，漂亮的窗花就剪好了，如图2-34（b）所示。

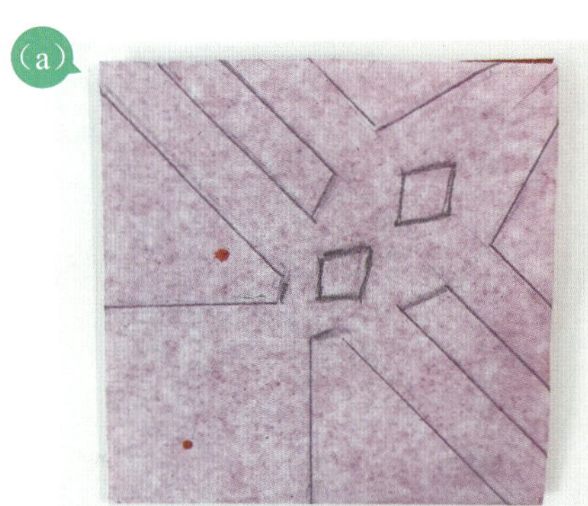

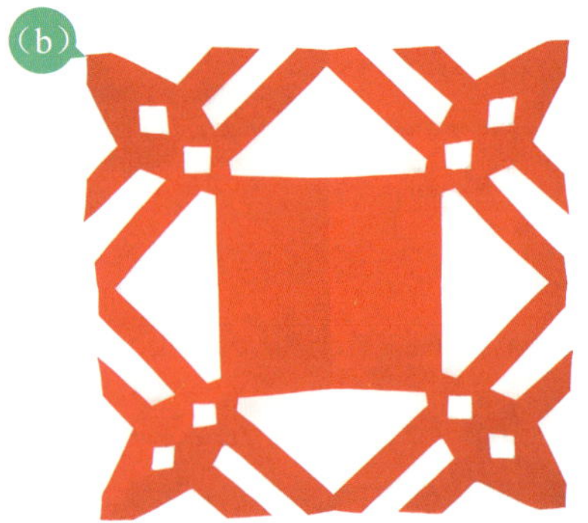

图2-34　四方连续剪纸的制作过程

非遗中国

剪纸是我国民间艺术中流传最为广泛的艺术类别之一。从大江南北到长城内外，从西部雪域高原到浩瀚无际的东海之滨，都有剪纸的身影。在品类繁多的民间剪纸艺坛上，蔚县剪纸以构图饱满、造型生动、色彩绚丽、工艺奇特的艺术风格独树一帜。

图2-35　色彩浓烈、题材广泛的蔚县剪纸

蔚县剪纸题材广泛，花样繁多，有戏曲人物、戏曲脸谱、神话传说、花鸟鱼虫、家禽家畜、吉禽瑞兽等多方面的内容，且色彩浓艳，对比强烈，装饰感强，民间味浓，富有韵味节律，呈现出妩媚娇艳、淳朴华美的艺术魅力，如图2-35所示。

此外，蔚县剪纸既有北方剪纸粗犷、质朴的特性，又有南方剪纸细腻、秀丽的风格。它以阴刻为主，阳刻为辅，阴阳结合，复用多色点染彩绘，达到了工致传神、雅俗共赏的效果。2006年5月，蔚县剪纸入选第一批国家级非物质文化遗产名录。2009年10月，它又入选联合国教科文组织《人类非物质文化遗产代表作名录》。

任务拓展

采用不同的剪纸方法制作窗花。

成果展示

剪纸类玩教具的制作成果展示如图2-36所示。

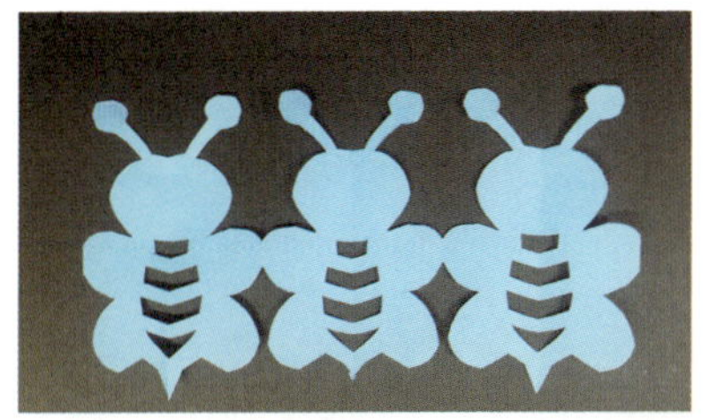

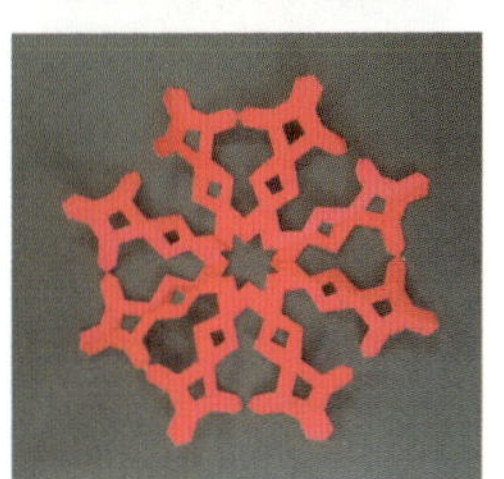

图2-36 成果展示

教案分享

窗花

中班剪纸活动

◆ 活动目标

1．了解中国传统的民间艺术——剪纸，欣赏有关剪纸的艺术作品，激发幼儿对美好生活的热爱之情。

2．掌握窗花的制作方法，并主动探索更多简单常见的折剪方法。

3．锻炼幼儿肌肉的灵活性。

◆ 活动准备

有关窗花主题的课件、收集的窗花（教师的剪纸作品）、彩色纸、白纸、剪刀和胶水等。

◆ 活动过程

一、了解并欣赏剪纸艺术

通过图文并茂的形式引导幼儿了解剪纸艺术，即利用课件介绍剪纸的相关内容，并欣赏不同的剪纸作品，如动物剪纸、植物剪纸、单色剪纸和套色剪纸等。

二、激趣引导

通过实物展示激发幼儿的求知欲，即欣赏实物剪纸作品——窗花，并简单介绍窗花的制作方法。

三、动手制作

通过实际操作锻炼幼儿肌肉的灵活性，即让幼儿自己动手剪窗花。

1．教师先教授幼儿剪窗花的方法，即先将彩色纸进行两次对边折，再进行对角折，然后在纸上画出要剪的图案，并用剪刀剪出图案的形状，最后展开剪纸。

2．观察剪好的窗花形状，让幼儿说说它们都有什么特点。

3．让幼儿自己尝试运用不同的折法和剪法进行剪纸，并感受图形变化的奇妙。（提示幼儿小心使用剪刀，注意安全）

四、展示作品

请幼儿展示自己剪纸的本领，并将剪好的窗花贴在白纸上，让大家一起来欣赏。这样不仅可以锻炼幼儿的胆量，提高幼儿互相学习的能力，还可以让大家一起感受窗花剪纸的美妙。

五、小结

教师："小朋友们都很聪明，大家对剪纸的图案都有自己的想法，而且每个小朋友的作品都有自己的特点，所以小朋友们以后要多欣赏其他剪纸作品，这样自己制作的剪纸作品将会更加漂亮。"

◆ 活动延伸

放学回家之后和爸爸妈妈一起剪出不同图案的窗花，并贴在家里的窗户上，然后和家人一起欣赏美丽的窗花。

任务四

贴贴贴——卡纸类

卡纸是介于纸和纸板之间一类厚纸的总称，是幼儿园常用的纸材料之一。因其质地坚硬、表面光滑、色彩明艳且制作效果好，所以它被广泛应用于幼儿园玩教具制作中。又因其易于塑形、操作手法多样且不易损坏，所以它在幼儿园环境布置方面也有着广泛的应用。但是，由于卡纸的硬度较大，小班幼儿的手部力量不足，肌肉发育也不够成熟，因此，制作卡纸类玩教具的活动适合中大班幼儿，不适合小班幼儿。

本任务主要介绍制作“捉蝌蚪”和“小猫头饰”纸贴画的方法，以及制作纸浮雕玩教具的基本技法和制作“三条小鱼”“小猪头饰”纸浮雕的方法。开始学习本任务之前请大家提前准备4K色卡纸、白纸、剪刀、美工刀、尺子、双面胶、橡皮、自动铅笔和中性笔等材料，如图2-37所示。

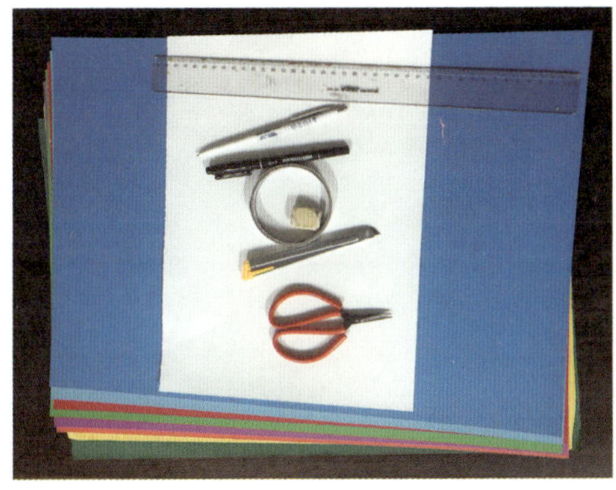

图2-37 材料准备

任务目标

- 了解卡纸的特性。
- 掌握制作纸浮雕的基本技法。
- 掌握纸贴画和纸浮雕的制作方法。

一、学习制作纸贴画

（一）制作纸贴画“捉蝌蚪”

步骤 1 起形。用铅笔在草稿纸上绘制所需图案的形状，如图2-38（a）所示。

步骤 2 拓剪。先把草稿纸上的每个形状都剪下来，如图2-38（b）所示；然后根据需要选择不同颜色的卡纸进行拓剪，如图2-38（c）所示。

步骤 3 组合拼贴。

（1）粘贴背景。先确定底板（底板颜色为背景），然后在底板上按照由远至近的顺序开始粘贴背景内容（远处有树丛、树干、树冠、荷叶、荷花和草地，近处有花和草），如图2-38（d）～（g）所示。

（2）粘贴人物。背景拼贴完成之后再粘贴人物，如图2-38（h），（i）所示。

步骤 4 粘贴或绘制人物的五官，然后观察纸贴画的整体结构，若有不合适的地方稍做调整，纸贴画即可完成，如图2-38（j）所示。

(a)

(b)

(c)

(d)
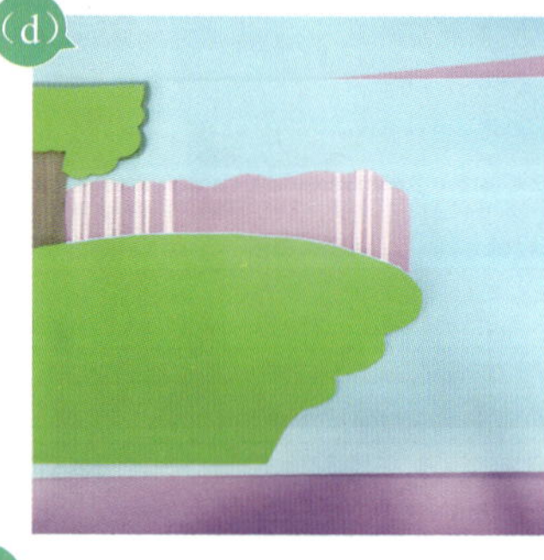

(e)

(f)

(g)

(h)

图2-38 “捉蝌蚪”的制作过程

（二）制作纸贴画“小猫头饰”

步骤 1 起形。用铅笔在草稿纸上绘制所需图案的形状，如图2-39（a）所示。

步骤 2 拓剪。把草稿纸上的每个形状剪下来并对所选色卡纸进行拓剪，如图2-39（b）所示。

步骤 3 组合拼贴。拼贴完成后的整个画面如图2-39（c）所示。

图2-39 “小猫头饰”的制作过程

二、学习制作纸浮雕

（一）学习制作纸浮雕玩教具的基本技法

1. 折叠

因卡纸较厚较硬，不易折叠，可先用刀背或针尖在要折叠的部位轻轻划一下，再进行折叠。如需向上折叠，可划纸张正面，形如谷线折叠；如需向下折叠，可划纸张反面，形如峰线折叠，如图2-40所示。

图2-40　折叠

2. 圆形折叠

若造型为凹凸变化的圆形，可先利用圆规尖在卡纸上划多个同心圆圈痕，再用剪刀剪开一条半径，并根据划痕轻轻折压，最后用双面胶粘贴接口处，并用剪刀修剪接口，如图2-41所示。

3. 弯卷

若造型需呈现不同的弧度，可利用圆滚棒进行卷曲，或用指甲直接在纸面上来回摩擦，使卡纸弯卷，如图2-42所示。

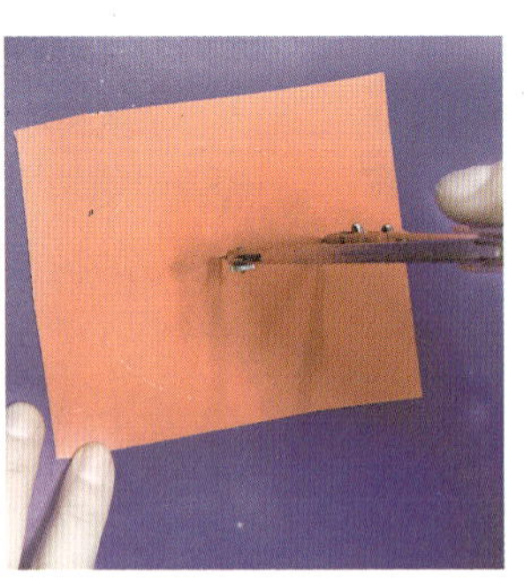
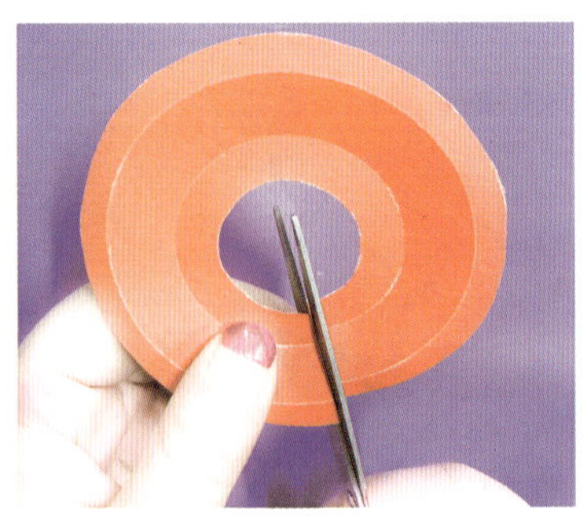

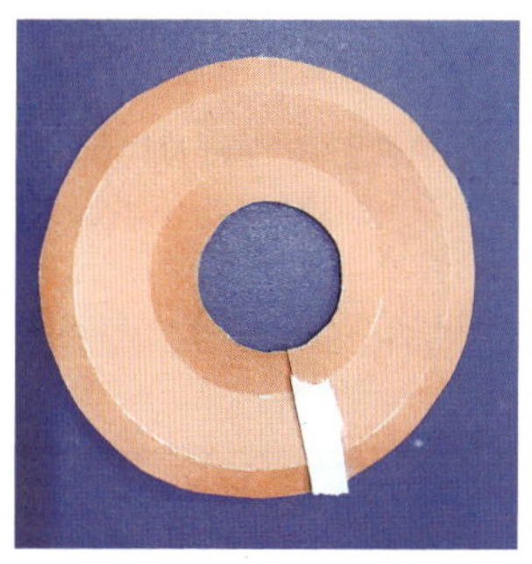
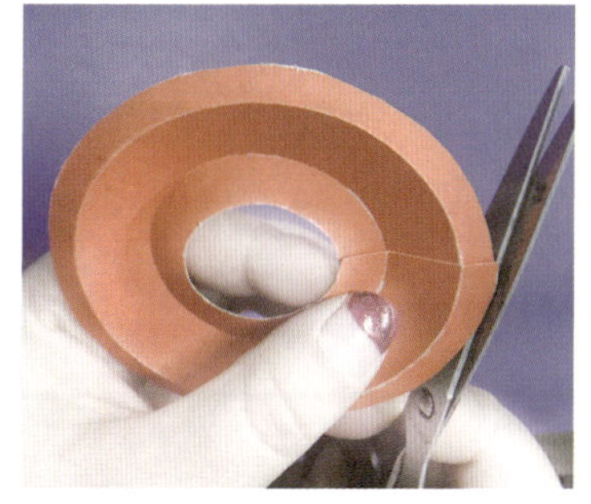

图2-41　圆形折叠

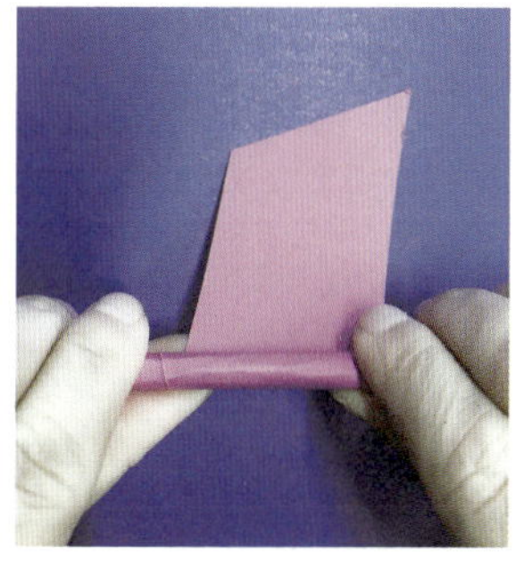
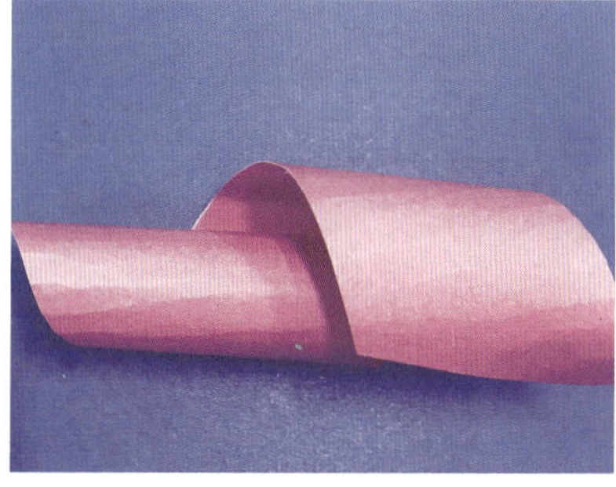
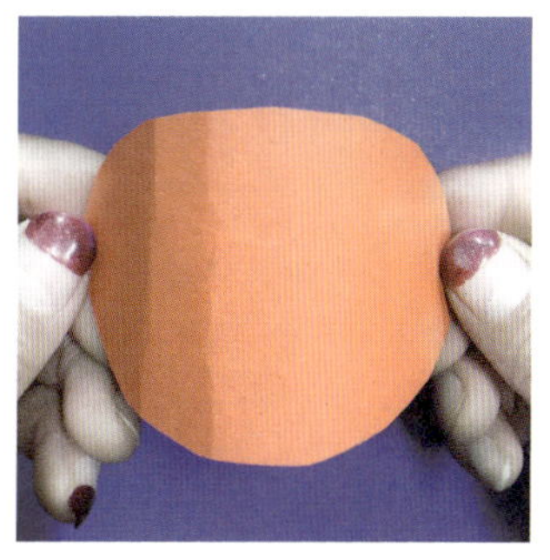

图2-42　弯卷

4. 压痕

若造型需要有凹凸变化的效果，可将纸张放在手上，然后用压痕笔在纸张的边缘来回按压，使纸张边缘形成所需的弧度，如图2-43所示。

图2-43　压痕

（二）制作纸浮雕“三条小鱼”

步骤 1 取一张卡纸剪成长条形，如图2-44（a）所示。

步骤 2 用铅笔在纸上起形，并剪出鱼的头部，如图2-44（b）所示。

步骤 3 用其他颜色的卡纸分别剪出眼睛、红脸蛋、鱼鳍和鱼尾等，并用马克笔装饰，再把长条形纸

后段纵向折叠，鱼身制作完成，如图2-44（c）所示。

步骤 4 用双面胶依次粘上鱼眼、红脸蛋、鱼鳍和鱼尾，并用马克笔装饰鱼身，如图2-44（d）所示。

步骤 5 按照上述方法再做两条立体小鱼，则三条可爱的小鱼就制作完成了，如图2-44（e）所示。

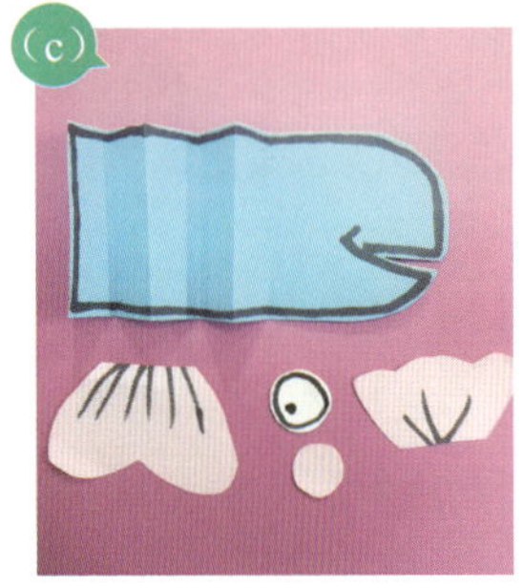

图2-44 “三条小鱼”的制作过程

（三）制作纸浮雕“小猪头饰”

步骤 1 先在方形卡纸上用圆规尖划4个同心圆圈痕，如图2-45（a）所示。

步骤 2 用圆形折叠技法制作小猪的头，如图2-45（b）所示。

步骤 3 裁剪小猪的耳朵、眼睛和嘴巴并分别沿立体形状的痕迹折好，如图2-45（c）所示。

步骤 4 将小猪的五官贴好，并用马克笔画上小猪的眼睛和鼻子，“小猪头饰”就做好了，如图2-45（d）所示。

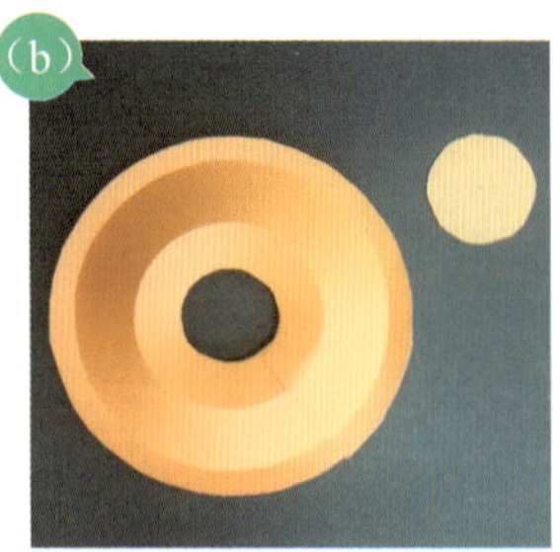

图2-45 “小猪头饰”的制作过程

任务拓展

- 以“春天来了”为主题设计并制作一幅纸贴画作品。
- 发挥想象，设计并制作3个纸浮雕作品。

成果展示

卡纸类玩教具的制作成果展示如图2-46所示。

图2-46　成果展示

制作贺卡

大班美工课

◆ 设计意图

新年即将到来，“节日贺卡”引起了孩子们的极大兴趣。有的孩子从家里带来了圣诞卡，有的孩子带来了新年卡，他们聚在一起相互欣赏、讨论。作为老师，我看到这个场面，在高兴的同时，脑海里冒出了一个极好的想法，即这些贺卡虽然美丽，但都是从超市里买来的，而孩子们的想象力无限丰富，为什么不让他们在收集、观察、欣赏和感受的基础上自己制作贺卡呢？

◆ 活动目标

1. 在欣赏贺卡和动手制作的过程中，感受新年即将到来的喜悦。
2. 了解贺卡的种类和功能。
3. 尝试运用不同的材料和工具制作贺卡。
4. 培养幼儿感恩的心和善良的品质。
5. 锻炼幼儿的动手能力。

◆ 活动准备

幼儿制作贺卡需要的材料包括卡纸、彩纸、白纸、剪刀、毛线、各种颜色的颜料、油画棒、叶子、胶水和吸管等。

◆ 活动过程

一、导入课题

教师：“孩子们，新年快要到了，小猴明明想给好朋友小猪胖胖送一张自己亲手制作的漂亮贺卡，可他不会制作贺卡，你们愿意帮助小猴明明吗？”

二、欣赏贺卡

1. 了解贺卡的种类。孩子们，大家见过的贺卡都是什么形状的？这些贺卡都有什么用处呢？

2. 根据形状、材料、内容和图案等的不同为贺卡分类。注意，贺卡类型的演变顺序依次是树叶贺卡、纸质贺卡和电子贺卡。

3．组织幼儿根据贺卡的不同进行讨论，说说自己的贺卡属于哪一类。

三、制作贺卡

1．教师带领幼儿认识不同的贺卡制作材料。

2．把幼儿分成四组，分组制作贺卡。

（1）为第一组幼儿提供白纸、颜料和油画棒，让幼儿结合使用颜料和油画棒制作贺卡，引导幼儿感受这两种材料结合的绘画美。

（2）为第二组幼儿提供白纸、颜料和叶子，让幼儿尝试采用基础的拓印技法制作贺卡。

（3）为第三组幼儿提供白纸、颜料和吸管，让幼儿尝试采用吹点技法制作贺卡。

（4）为第四组幼儿提供卡纸、彩纸、毛线、剪刀和胶水等，让幼儿制作纸贴画贺卡，锻炼他们剪贴的技能。

四、展示贺卡

教师："孩子们，贺卡做好了，请互相说一说，你的贺卡是用哪些材料制作的，是怎样制作的？"

五、小结

教师："小朋友们真能干，制作的贺卡真好看，现在就去找自己的好朋友，把贺卡送给他吧，并说一句祝福的话。你们的好朋友一定会很开心的。"

◆ 活动延伸

教师组织幼儿搜集更多的材料，供幼儿制作贺卡使用。

任务五

染染染——染纸类

染纸是中国流传久远的传统民间手工技艺之一，它是通过折叠、扎夹、浸泡和点晕等方式将吸水性较强的生宣纸染成彩色的，可用于制作形式多样的手绢、风筝、书包和衣服等。染纸的颜色绚丽、图纹千变万化，深受幼儿喜欢。

染纸的制作材料方便易得，制作过程充满乐趣和惊喜，制作出来的作品颇具创意性，因此，染纸在幼儿园的美术活动中占有一席之地。而且，染纸常常与绘画、剪纸等技艺结合使用，制作的作品常可达到意想不到的效果。

本任务主要介绍染纸的基本技法，以及制作染纸“炫彩手绢”和“彩色城堡”的方法。开始学习本任务之前请大家提前准备生宣纸、毛笔、中性笔、软头水彩笔、水彩笔墨水和盘子等材料，如图2-47所示。

图2-47　材料准备

任务目标

- 掌握染纸的基本技法。
- 能够将染纸与绘画、剪纸相结合，并创作美术作品。

一、学习染纸的基本技法

染纸的基本技法包括折叠和染色两部分。

（一）折叠

折叠是制作染纸的基础，不同的折叠方式可染出不同的图案。常见的折叠方法有田字格折叠方法、米字格折叠方法、辐射状折叠方法和长条花边折叠方法。

（1）田字格折叠方法是对正方形纸进行多次对边折得到小正方形纸，如图2-48所示。

（2）米字格折叠方法是在田字格折叠的基础上对小正方形纸进行对角折，如图2-49所示。

（3）辐射状折叠方法是在田字格折叠的基础上对小正方形纸进行对角折，然后再进行多次集中一角折［见图2-50（a）］，或直接对正方形纸进行对角折，然后再进行多次集中一角折［见图2-50（b），（c）］。

（4）长条花边折叠方法是先将正方形或长方形纸进行等分（等分的数量根据需要决定），然后将每等份按照向内向外的方式依次折叠，如图2-51所示。

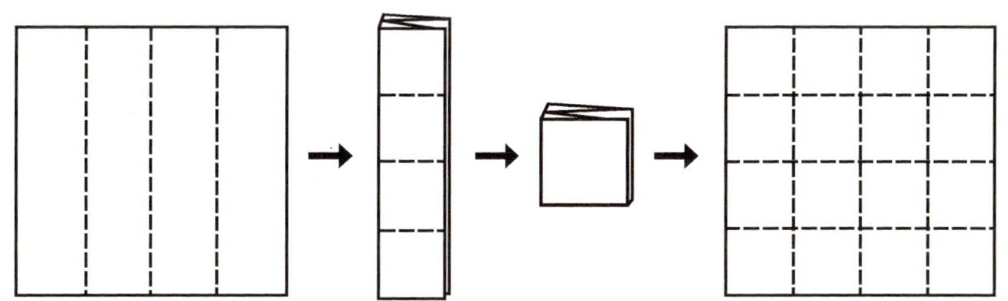

图2-48　田字格折叠方法

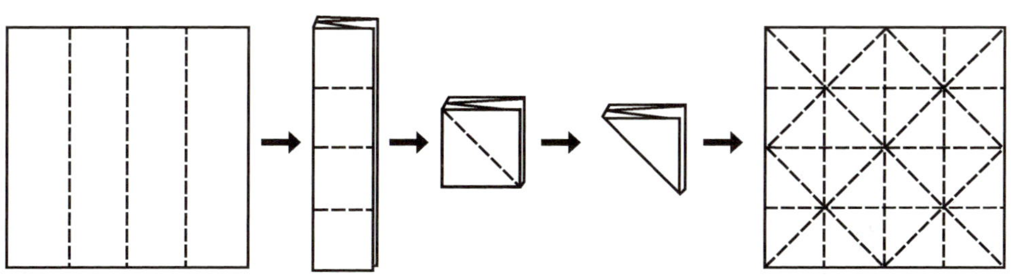

图2-49　米字格折叠方法

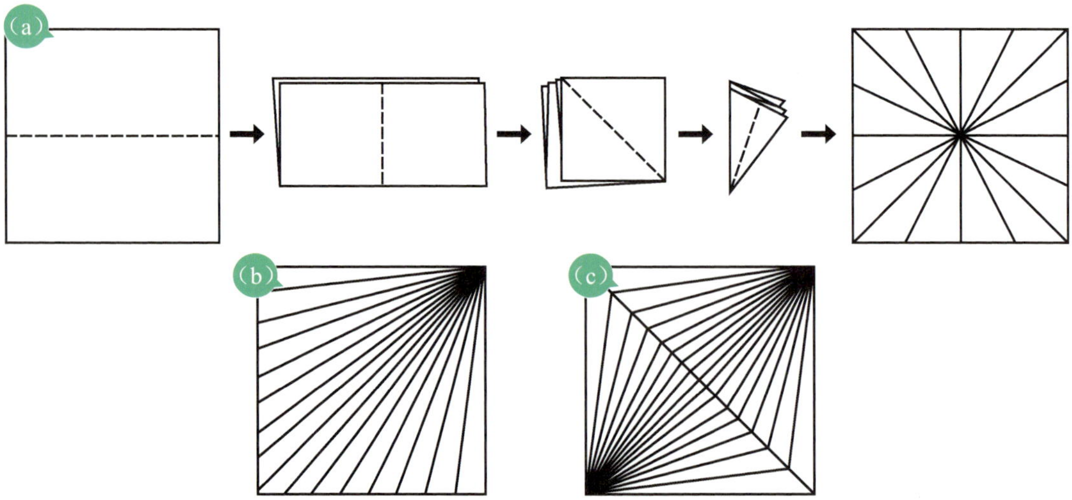

(a)

(b)

(c)

图2-50　辐射状折叠方法

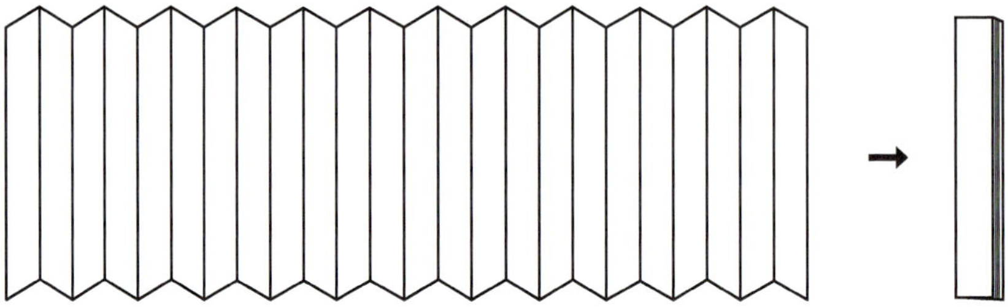

图2-51　长条花边折叠方法

（二）染色

染色的方法有多种，包括滴染法、点染法和浸染法。

（1）滴染法是将染料直接滴在纸上进行晕染，如图2-52所示。

（2）点染法是先用毛笔蘸取颜色较淡的染料（甚至仅蘸些清水），再在笔尖上蘸些颜色较深的染料，然后在纸上一笔点拓而成，如图2-53所示。

（3）浸染法是将需要染色的部位直接浸入染料中进行染色，如图2-54所示。

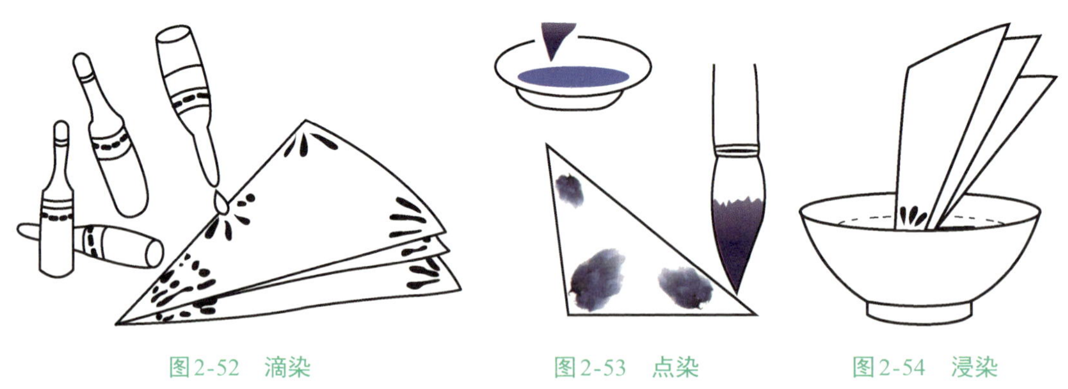

图2-52　滴染　　图2-53　点染　　图2-54　浸染

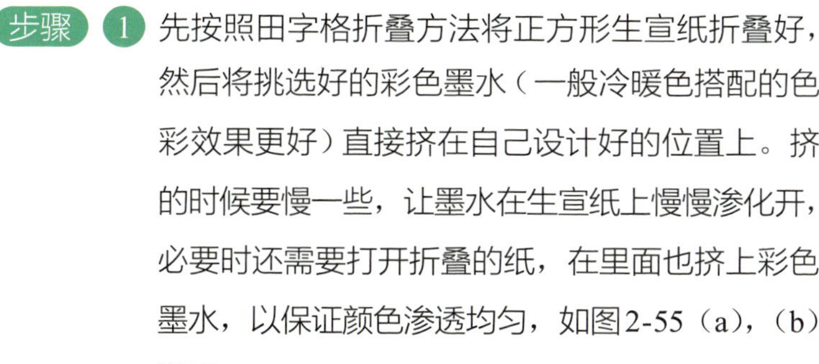

二、制作染纸“炫彩手绢”

步骤 1 先按照田字格折叠方法将正方形生宣纸折叠好，然后将挑选好的彩色墨水（一般冷暖色搭配的色彩效果更好）直接挤在自己设计好的位置上。挤的时候要慢一些，让墨水在生宣纸上慢慢渗化开，必要时还需要打开折叠的纸，在里面也挤上彩色墨水，以保证颜色渗透均匀，如图2-55（a），（b）所示。

步骤 2 慢慢展开生宣纸，漂亮的小手绢就做好了，如图2-55（c）所示。注意展开生宣纸时，若遇到不好展开的地方，可以顺着折印轻轻地吹气，黏着的生宣纸自然就打开了。

(a)
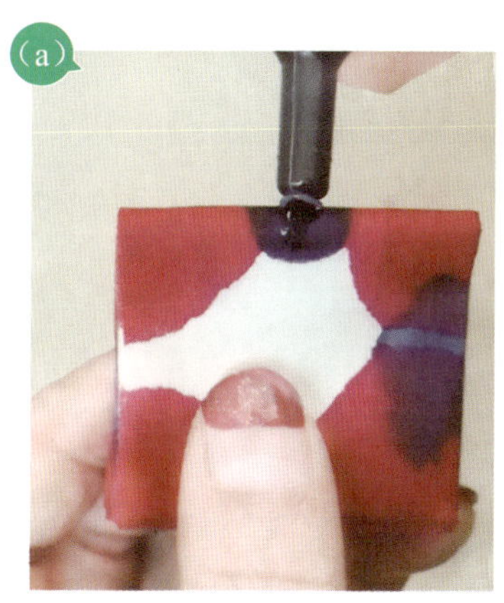
(b)

(c)
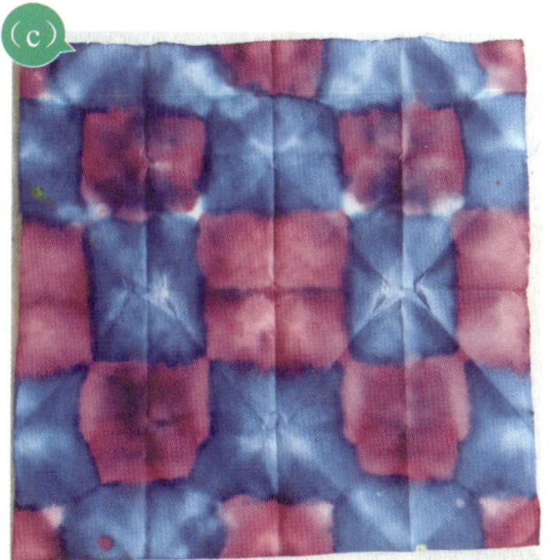

图2-55 “炫彩手绢”的制作过程

三、制作染纸“彩色城堡”

步骤 1 取生宣镜面卡纸一张，用铅笔绘制城堡图案，如图2-56（a）所示。

步骤 2 用水溶性彩色水笔勾勒城堡的轮廓，使其大致上色，如图2-56（b）所示。

步骤 3 用毛笔蘸清水涂抹城堡的轮廓，使颜色晕染开，如图2-56（c）所示。

步骤 4 将生宣镜面卡纸晾干，并用签字笔再次描绘整个城堡的轮廓线（注意轮廓线的粗细节奏），“彩色城堡”就做好了，如图2-56（d）所示。

图2-56 “彩色城堡”的制作过程

任务拓展

- 设计并制作3块漂亮的手绢。
- 将染纸与剪纸相结合，制作一组七彩蝴蝶。
- 将染纸与绘画相结合，设计一幅作品。

成果展示

染纸类玩教具的制作成果展示如图2-57所示。

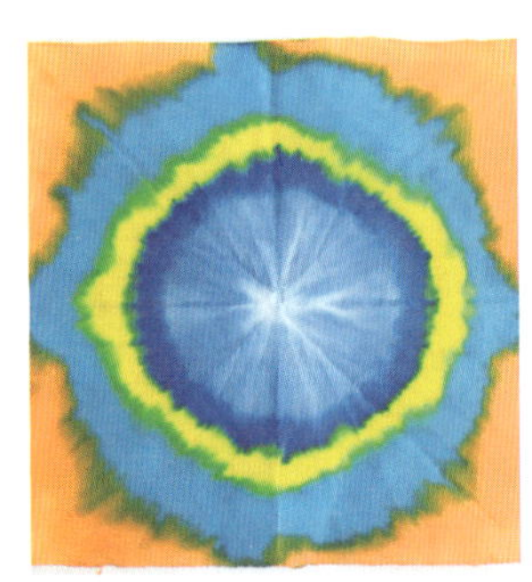

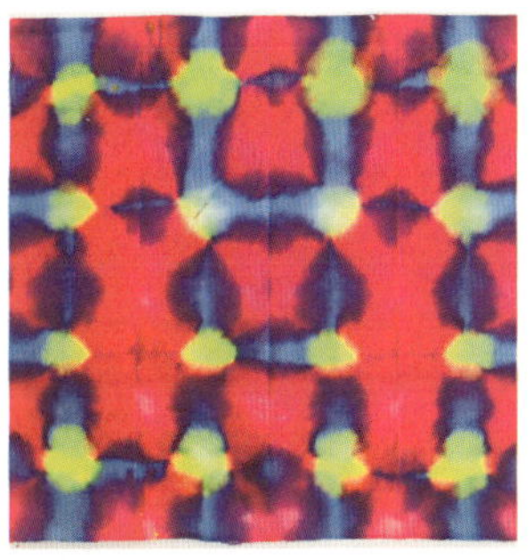
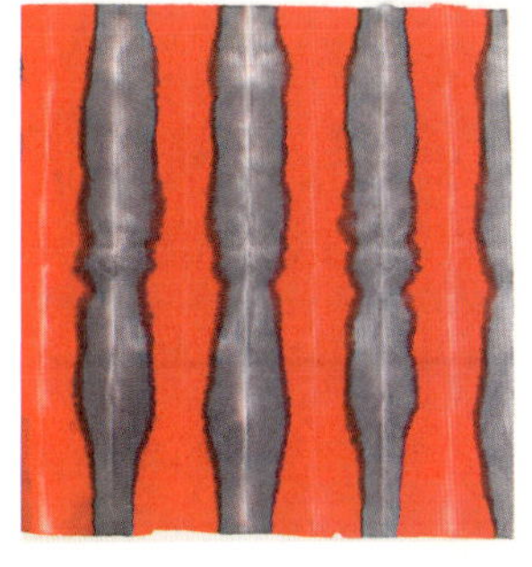

图2-57　成果展示

手绢

中班手工课

◆ 活动目标

1. 了解染纸的由来和制作过程。
2. 掌握不同的折纸方法和染色方法。
3. 激发幼儿参与活动的积极性，让幼儿感受动手操作的乐趣。

◆ 活动准备

生宣纸、各种颜色的颜料、托盘、棉棒和染纸作品等。

◆ 活动过程

一、展示染纸作品

教师："今天，老师带来了许多非常奇特的美术作品与你们分享，我们一起欣赏一下吧。"

教师："小朋友们，你们谁知道这些作品是怎样制作出来的？"

教师："它们不是画出来的，而是染出来的。小朋友们想不想制作一张特别的手绢呢？那我们一起来制作吧。"

二、介绍材料和染纸的方法

1．介绍材料。

教师："小朋友们看我手里拿的是什么？"（生宣纸）

教师："染纸需要的材料主要有生宣纸和各种水粉颜料。选用生宣纸的原因是它吸水力特别强，易于渲染。"

2．讲解染纸方法。

（1）将生宣纸折叠起来，其中折叠的方法有很多种，如可将纸折叠成正方形、三角形和长条形等。不同的折叠方法可以染出不同的图案。

（2）将生宣纸折叠好之后，用棉棒蘸取水粉颜料，然后将蘸取颜料的棉棒在生宣纸的边上印一下就立马拿起来，让颜料自然晕染开。接着，以同样的方式晕染生宣纸的其他边。小朋友们在每次晕染的时候可以选择1～2种颜色。

（3）染好后将纸轻轻地打开，晾干即可。

3．教师："老师今天为小朋友们准备了许多的'小手绢'，请所有的小朋友都来尝试自己染'小手绢'，看谁染的'小手绢'最漂亮，小朋友愿意自己动手制作吗？"

教师："在染之前有只小兔子要和小朋友们说句话，大家一起来听听吧！"（出示课件，播放语音。）

三、幼儿进行染纸

幼儿自己动手染纸，教师进行指导。幼儿遇到问题时，老师及时提供引导和帮助。

四、染纸作品展示与描述

比一比看谁染的“小手绢”最漂亮，并让小朋友们谈一谈自己是用什么方法染的。

五、小结

教师：“今天小朋友们都学会了染纸的方法，而且还染出了这么多漂亮的‘小手绢’，你们表现得真棒。”

◆ 活动延伸

回家后，将染好的小手绢送给爸爸妈妈，并教他们染纸的方法。

任务六

卷卷卷——瓦楞纸类

瓦楞纸是由挂面纸和通过瓦楞棍加工而形成波形的纸黏合而成的板状物，一般分为单瓦楞纸和双瓦楞纸两类。瓦楞纸具有成本低、质量轻、加工易、强度大、储存搬运方便、可回收等优点，因此它常用于包装易碎物品。除此之外，瓦楞纸还可用于手工制作，尤其是彩色瓦楞纸，使用它可以制作出各种各样可爱、有趣的造型。因此，瓦楞纸类的玩教具深受幼儿们的喜爱。

本任务主要介绍使用瓦楞纸做造型的基本技法，以及使用瓦楞纸制作“小黄鸡”的方法。开始学习本任务之前请大家提前准备彩色瓦楞纸、剪刀、美工刀、胶棒、胶枪、自动铅笔、马克笔和白乳胶等材料，如图2-58所示。

图2-58　材料准备

任务目标

- 了解瓦楞纸的特性。
- 掌握瓦楞纸玩教具制作的基本技法。
- 能够用瓦楞纸设计并制作美术作品。

一、学习制作瓦楞纸玩教具的基本技法

使用瓦楞纸制作玩教具的基本技法有剪、卷、粘、推、切和涂。

（1）剪是根据需要把瓦楞纸剪成需要的宽度，如图2-59（a）所示。

（2）卷是把剪好的瓦楞纸卷成需要的纸卷，如图2-59（b）所示。

（3）粘是用双面胶或胶棒固定卷好的纸卷，如图2-59（c）所示。

（4）推是根据造型的需要，轻轻地将平面的纸卷向一侧推出，如图2-59（d）所示。

（5）切是把整卷瓦楞纸直接切成宽度不同的纸卷，方便取用，如图2-59（e）所示。

（6）涂是用胶棒在纸卷背后涂抹胶，用于固定造型，如图2-59（f）所示。

(a)
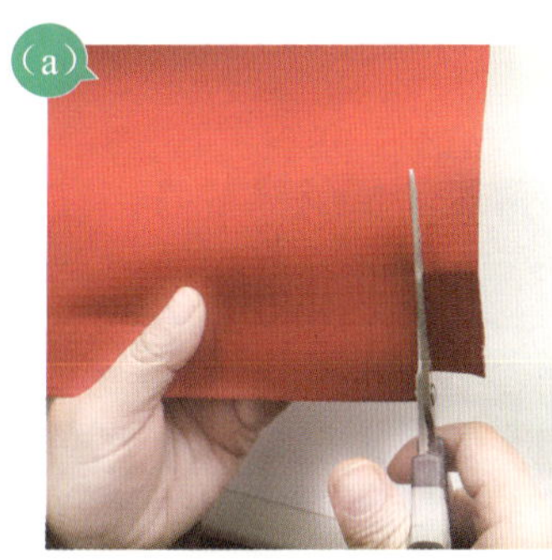
(b)

(c)

(d)

(e)
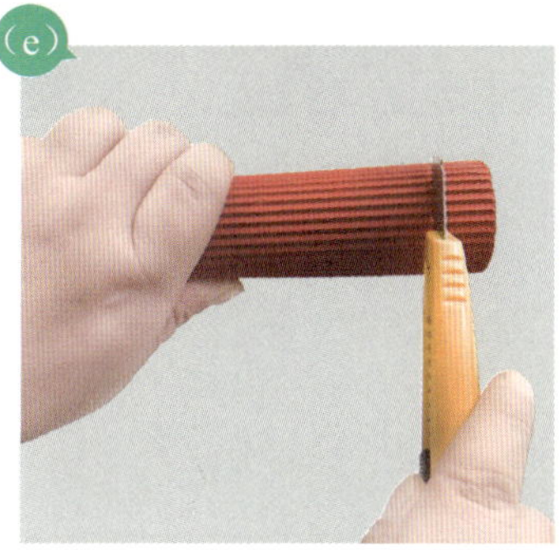
(f)

图2-59　基本技法

二、制作瓦楞纸“小黄鸡”

步骤 1 先构思“小黄鸡”的造型，再开始制作。切2.5 cm宽的黄色瓦楞纸卷，如图2-60（a）所示。

步骤 2 将纸卷推成半球并用胶枪固定，如图2-60（b），（c）所示。两个半球扣在一起可作为“小黄鸡”的身体。

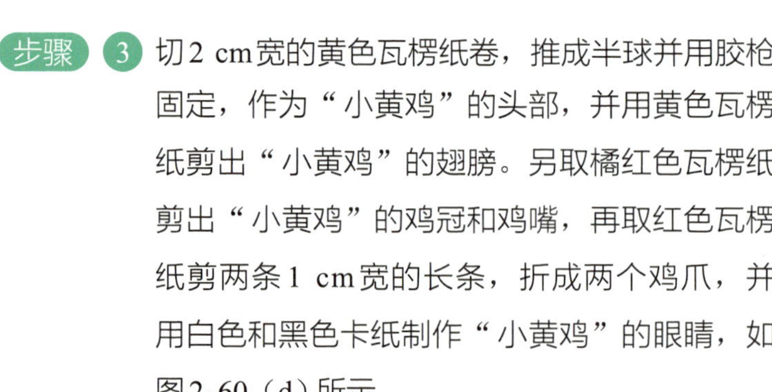

步骤 3 切2 cm宽的黄色瓦楞纸卷，推成半球并用胶枪固定，作为“小黄鸡”的头部，并用黄色瓦楞纸剪出“小黄鸡”的翅膀。另取橘红色瓦楞纸剪出“小黄鸡”的鸡冠和鸡嘴，再取红色瓦楞纸剪两条1 cm宽的长条，折成两个鸡爪，并用白色和黑色卡纸制作“小黄鸡”的眼睛，如图2-60（d）所示。

制作瓦楞纸“小黄鸡”

步骤 4 用胶枪把“小黄鸡”头部的各个“零件”粘贴好，再把“小黄鸡”的身体、爪子和翅膀粘贴好，如图2-60（e）所示。

步骤 5 用胶枪将“小黄鸡”的头和身体固定在一起，“小黄鸡”就制作好了，如图2-60（f）所示。

(a)

(b)

(c)

(d)

(e)

(f)

图2-60 “小黄鸡”的制作过程

任务拓展

设计并制作3个以瓦楞纸为材料的作品，如花朵、飞机、坦克或动物等。

成果展示

瓦楞纸类玩教具的制作成果展示如图2-61所示。

图2-61　成果展示

昆虫

大班美术课

◆ 活动目标

1. 培养幼儿热爱大自然的生活态度，并提高他们发现美的能力。

2. 引导幼儿观看步骤图制作瓦楞纸作品，锻炼幼儿的自主学习能力和动手能力。

3. 通过自己动手制作，让幼儿感受制作过程的乐趣和完成作品的成就感。

◆ 活动准备

彩色瓦楞纸、蜡笔、记号笔、水彩笔、泡沫胶和介绍“昆虫”制作方法的课件等。

◆ 活动过程

一、激趣导入

观察昆虫，激起幼儿的制作兴趣。

教师：“夏天来了，森林里有一群伙伴来我们幼儿园做客了，大家来看看都是哪些小伙伴？”（昆虫）

教师：“它们漂亮吗？可爱吗？”（漂亮、可爱）

教师展示昆虫标本。

教师：“咦，这些昆虫为什么这么漂亮呢？原来它们有一些共同之处，大家知道是什么吗？”

总结（教师）：“原来，今天来做客的小昆虫都有一个小头、一个大背壳、两只眼睛、两根触角和六条腿，而且背壳上的图案还是对称的。”

二、介绍制作材料

教师：“今天制作这些昆虫使用的材料很特别，（展示瓦楞纸）大家看一下这种纸和我们平时画画用的纸有什么不一样？”

教师：“小朋友们真聪明，回答得都正确，纸的一面不平，有楞，另一面是平的。”

三、介绍制作过程

教师：“现在，老师把制作过程讲一遍，然后你们告诉老师，我用了几步做成了这个昆虫，好不好？”

教师根据步骤图讲解制作昆虫的方法，然后请个别幼儿尝试复述该方法，最后教师引导幼儿集体复述。

四、幼儿自主制作

教师：“请大家按照步骤和图示制作美丽的昆虫。”

幼儿参照步骤和图示自己制作昆虫，教师进行指导。

五、昆虫秀

幼儿展示自己制作的作品。

六、小结

教师：“小朋友们真能干，可以做出这么可爱的昆虫宝宝，回家后请展示给爸爸妈妈看吧。”

任务七

转转转——衍纸类

衍纸是一种特殊的纸艺造型，遵循形式美的基本法则，它将长长的纸条通过卷、捏、拼和贴等方式组合成某个造型，然后竖起来贴在纸面上，从而呈现出三维立体的特殊艺术效果。

衍纸制作的基本方法就是利用专用的工具或手将很多细长的纸条做成一个个小“零件”，然后通过组合的方式将那些样式复杂、形状各异的“零件”组合成不同的造型。衍纸作品色彩鲜艳、主题突出、形象活泼可爱、制作过程欢乐有趣，深受幼儿喜爱，所以它不仅可用于装饰幼儿园的墙面，还可作为幼儿园美术课的教学内容。

本任务主要介绍制作衍纸玩教具的基本技法，以及使用衍纸制作“猴子摘香蕉”的方法。开始学习本任务之前请大家提前准备衍纸条、衍纸笔、衍纸尺、铅笔、白乳胶、涂抹白乳胶的锥子、碟子和橡皮等材料，如图2-62所示。

图2-62　材料准备

任务目标

- 掌握衍纸制作的基本技法。
- 利用衍纸的基本技法设计并完成一幅美术作品。

一、学习制作衍纸玩教具的基本技法

衍纸制作的基本技法有很多，主要是通过卷、捏、粘的方式实现，它们的描述如下。

先将衍纸在衍纸笔上紧紧缠绕，就变成了一个紧卷［见图2-63（a）］，然后根据需要放在衍纸尺子上松卷［见图2-63（b）］，将卷全部放开就是开卷［见图2-63（c）］，最后用锥子沾上白乳胶把衍纸的末端粘住［见图2-63（d）］，并按压片刻使其牢固。

掌握衍纸的卷法后就可以根据需要用手捏出不同的形状，如泪滴卷［见图2-63（e）］、弯曲卷［见图2-63（f）］、眼形卷［见图2-63（g）］、叶形卷［见图2-63（h）］、三角卷［见图2-63（i）］、半圆卷［见图2-63（j）］、V形卷［见图2-63（k）］、心形卷［见图2-63（l）］、方形卷［见图2-63（m）］和鸭掌卷［见图2-63（n）］等，掌握这些基本技法后就可以尝试制作精美的衍纸作品了。

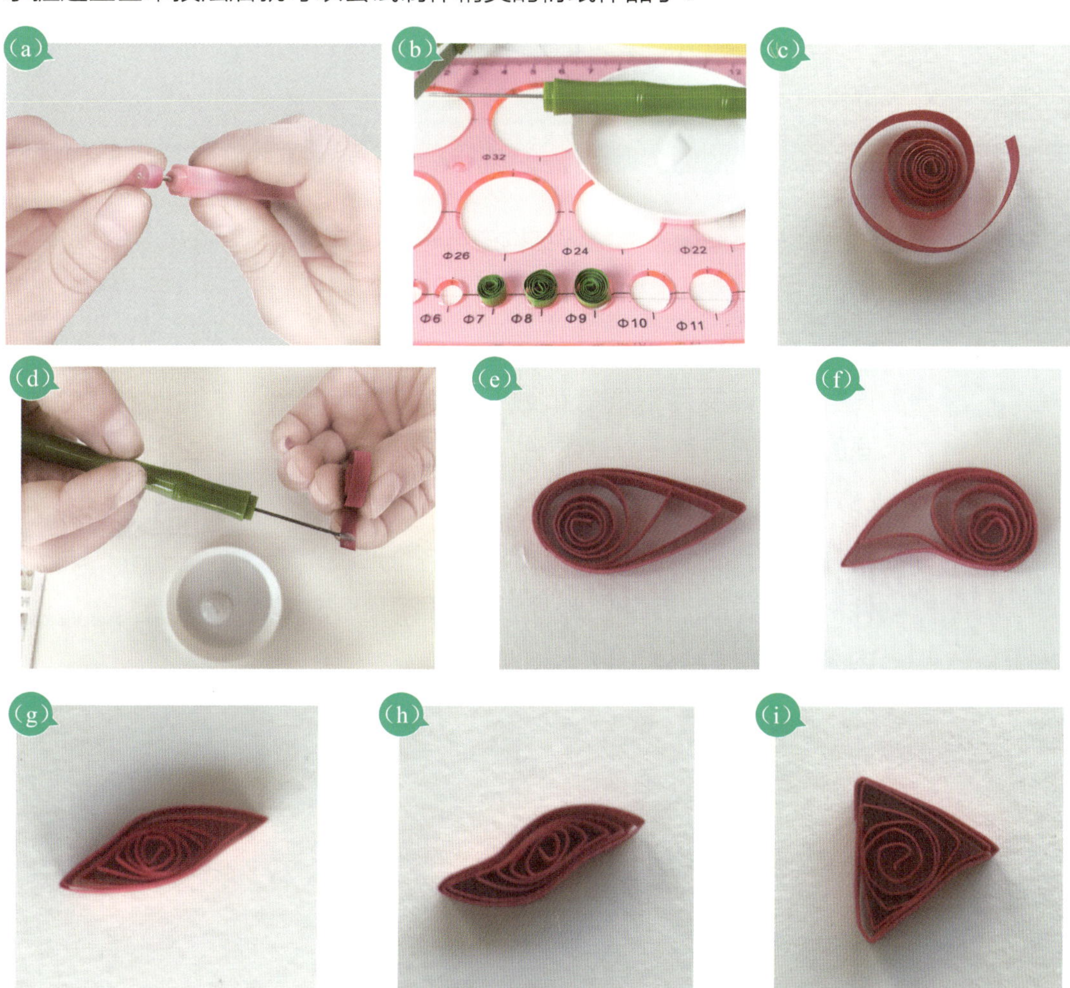

(j)

(k)

(l)

(m)

(n)

图2-63 基本技法

二、制作衍纸“猴子摘香蕉”

步骤 1 对“猴子摘香蕉”的整体结构进行构思，并用铅笔在白色的卡纸上绘制基本图形，如图2-64（a）所示。

步骤 2 根据画面需要用衍纸笔和衍纸尺等工具，做出画面所需的各种形状“零件”，如图2-64（b），（c）所示。

步骤 3 粘贴组合。按照由上到下的顺序把各个形状“零件”贴在画面的相应位置，“猴子摘香蕉”就制作完成了，如图2-64（d）～（h）所示。

(a)

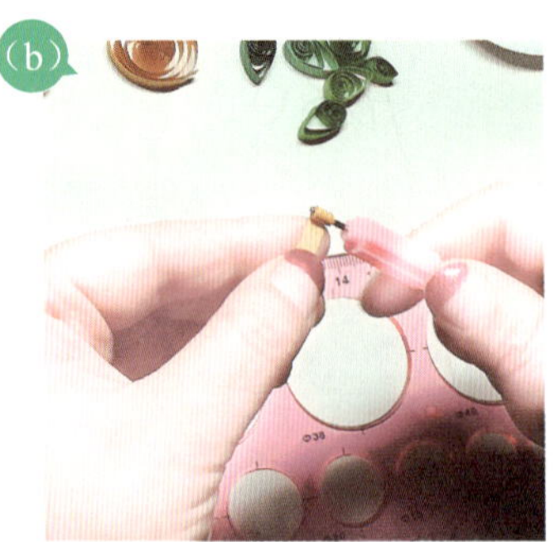
(b)

(c)

(d)

(e)

(f)

(g)

(h)

图2-64 “猴子摘香蕉”的制作过程

任务拓展

- 以衍纸为材料设计一幅美术作品。
- 以“美丽的春天”为主体，设计并制作一幅衍纸画。

成果展示

衍纸类玩教具的制作成果展示如图2-65所示。

图2-65　成果展示

彩色蘑菇

小班美工课

◆ 活动目标

1. 掌握衍纸制作的基本技法，即利用松卷紧卷熟练控制圆形的大小。

2. 在制作过程中培养幼儿的团队合作能力。

3. 通过活动向幼儿传授生活经验，即彩色蘑菇是有毒的，不能食用。

◆ 活动准备

彩色衍纸条、白纸、白乳胶、小白兔采大蘑菇图片、记号笔、有蘑菇图案的纸和彩色纸条卷成的松紧不一的圆形等。

◆ 活动过程

一、主题导入

老师出示小白兔采蘑菇图片，并提问："小朋友们，图片中兔宝宝在干什么啊？"

二、观察蘑菇上的花纹

教师："小朋友们看一看，蘑菇上的花纹一样吗？"（不一样，有大有小。）

兔宝宝今天有点不高兴，它说："虽然彩色蘑菇有毒，不可以吃，但是它很好看，我非常喜欢彩色蘑菇，想找些彩色蘑菇来欣赏。可是在树林里找了好久都没有找到，小朋友们，你们能不能帮我想想办法呢？"

幼儿讨论，并回答问题："可以用油画棒画出彩色蘑菇，可以用彩色橡皮泥捏出彩色蘑菇，可以用彩色颜料点出彩色蘑菇……"

教师："小朋友们真棒，帮兔宝宝想出来这么多办法，今天我们试试用彩色的纸条帮助兔宝宝制作一个彩色蘑菇。”

三、介绍制作材料和基本技法

老师出示有蘑菇图案的纸和彩色纸条。

教师：“今天，老师为小朋友们准备了一些彩色的纸条，请大家一起帮兔宝宝制作彩色蘑菇。”

老师出示大小不一的圆形彩色纸条，教小朋友们认识紧卷与松卷，并讲解制作方法。

四、幼儿操作，教师指导

教师：“小朋友们，我们一起来为兔宝宝做彩色蘑菇吧！”

教师：“每组小朋友桌上都有一张白色的纸，请大家商量好谁画蘑菇，谁卷花纹，谁把花纹粘贴在蘑菇上。”

引导幼儿自己进行分工合作，锻炼他们的团队合作能力和沟通能力。

五、作品展示与评价

教师：“如果你是那只兔宝宝，你最喜欢哪个彩色蘑菇？”

教师鼓励小朋友展示自己的作品，并请其他小朋友进行欣赏与评价。

◆ 活动反思

幼儿基本上都学会了紧卷与松卷的方法，而且他们在制作的过程中增强了合作意识。但是，有个别幼儿在卷的过程中方法不到位，所以卷得慢，一节课下来一个卷还没有卷好。所以，老师需要对这些幼儿进行针对性指导，并让他们在其他活动中继续学习，锻炼他们手指的灵活度。

任务八

捣捣捣——纸浆类

纸浆是以某些植物为原料加工而成的，可用于造纸。除此之外，纸浆还可用于创作美术作品，即在纸浆中添加白乳胶，增加其黏稠度和可塑性，便可用于制作纸浆造型，创作生动形象的美术作品。

纸浆造型在制作方法上有先彩后型和先型后彩两种形式。在造型表现上有平面造型和立体造型两种形式。无论哪一种制作方法都简单易学，无论哪一种造型表现都多彩绚丽，因此，纸浆作品制作不仅适合小中大班的幼儿，还深受幼儿们的喜爱。

本任务主要介绍制浆的基本技法，以及制作纸浆画“小刺猬摘苹果”的方法。开始学习本任务之前请大家提前准备纸、白乳胶、水粉颜料、小棍子、马克笔和小碟子等材料，如图2-66所示。

图2-66　材料准备

任务目标

- 掌握制浆的基本技法。
- 运用纸浆进行美术作品创作。

一、学习制浆的基本技法

制浆是制作纸浆画的基础，其基本技法如下。

首先，在盘子里倒一点水，将卫生纸放入盘子中浸泡，如图2-67（a）所示；接着，把卫生纸撕碎，并将多余的水分挤出，如图2-67（b），（c）所示；然后，倒入适量白乳胶并搅拌均匀，如图2-67（d）所示；最后，用竹签把纸浆捣碎，纸浆就制作好了，如图2-67（e）所示。

图2-67　纸浆的制作过程

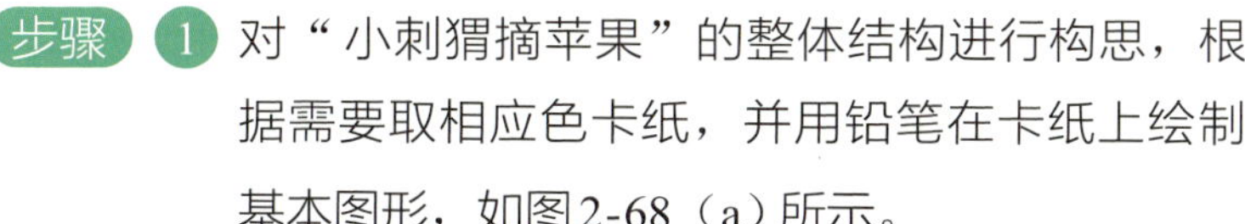

二、制作纸浆画“小刺猬摘苹果”

步骤 1 对“小刺猬摘苹果”的整体结构进行构思，根据需要取相应色卡纸，并用铅笔在卡纸上绘制基本图形，如图2-68（a）所示。

步骤 2 用黑色马克笔勾勒轮廓线，如图2-68（b）所示。

步骤 3 将黄色水粉颜料挤在纸浆中并将其捣匀，然后用竹签把黄色纸浆填入色卡纸的相应位置，如图2-68（c）所示。

步骤 4 依次用棕色、红色和绿色纸浆填满整个画面，

然后用黑色马克笔再次勾勒轮廓，生动形象的“小刺猬摘苹果”就做好了，如图2-68（d）～（f）所示。

（a）

（b）

（c）

（d）

（e）

（f）

图2-68 “小刺猬摘苹果”的制作过程

任务拓展

- 使用纸浆材料制作一幅作品，如人物、植物或动物等。
- 设计一节幼儿园大班美工课，即利用纸盘子和各种颜色的纸浆制作盘子画。

成果展示

纸浆类玩教具的制作成果展示如图2-69所示。

图2-69　成果展示

小花伞

小班美术课

◆ 活动目标

1. 通过欣赏各种小伞图片，感知伞面的色彩美和造型美。

2. 激发幼儿运用纸浆在伞面上大胆创作的积极性，体验参与美术活动的乐趣。

3. 培养幼儿热爱生活的态度，提高幼儿发现美的能力。

◆ 活动准备

伞图若干（每个幼儿各一张）、多种颜色的纸浆材料若干和“美丽的小伞”课件等。

◆ 活动过程

一、情景导入

教师：“小朋友们，我们一起来看看森林里的天气怎么样？”

教师："最近森林里经常下雨，小动物都来小猪的店里买伞，我们也去看看小猪店里都有哪些小伞？"

二、欣赏小伞的色彩美与造型美

1．欣赏小伞的色彩美。

（1）欣赏单色伞。

教师："原来小猪店里有这么多伞，你们觉得它们好看吗？它们是什么颜色的？上面还有其他图案吗？除了这些伞，你还见到过什么颜色的伞？"

（2）欣赏双色间隔伞。

小猪说："我这里还有一些伞，需要说出魔语才可以看到，魔语是'小伞小伞变变变'。"

教师："小朋友们，在这把伞上你们看到了什么颜色，红色和黄色是怎样排列的？还有没有其他的小伞呢？这把伞是哪两种颜色间隔排列的？"

总结（教师）："刚才我们看到的这两把伞都是由两种不同的颜色一个隔着一个，有规律地排列围起来的，这种小伞可称为双色间隔伞。"

2．欣赏小伞的造型美。

教师："小猪悄悄地告诉老师，它那边还藏着宝宝们最喜欢的伞呢？大家赶快来念魔语。"

教师："你们喜欢这种造型的伞吗？小猪店里还有没有呢？我们一起来说魔语。"

教师："这些小伞好看吗？你们喜欢吗？"

三、创作小伞

教师："刚才我们欣赏了许多小伞，有的是一种颜色加上图案的单色伞，还有两种颜色排列的双色间隔伞。瞧，这里也有一把伞（老师拿出伞图），你能把它变漂亮吗？"

幼儿自由说一说怎样把伞变得更加漂亮。

教师："现在老师拿来了各种颜色的纸浆，大家可以尽情地设计你的小花伞，制作的时候尽量不要将纸浆弄到桌子上和地上。"

幼儿分组创作，教师进行指导。

四、小伞展示

每个幼儿都展示一下自己制作的小伞。

◆ 活动延伸

教师："小朋友设计的小伞真漂亮，让我们把小伞拿到小猪的超市售卖吧！"

传统文化——幼儿园的剪窗花活动

剪纸是中国的传统民间艺术，是用剪刀将纸剪成各种图案的一种手工艺术。在中国，每逢过节，家家户户都会在门窗上贴上剪纸，以表喜庆。为了让幼儿充分感受过节的气氛，体验在幼儿园这个大家庭中和小伙伴一起迎接新年的喜悦之情，广东省某幼儿园中班级开展了"指尖上的传统文化——剪纸"活动。

活动开始后，老师讲解了剪纸折叠方法及剪纸的基本技巧，并通过视频演示剪纸步骤。幼儿在对剪纸有了基本认识之后，纷纷不由自主地开始"大展身手"，时而在纸上画一画，时而拿起纸折一折，一张张色彩鲜艳的纸在他们手中上下飞舞。当大家把剪好的纸打开时都情不自禁地说"哇，好漂亮啊！"幼儿的作品有圆形的、方形的、多边形的，一幅幅充满童趣的作品散发着欢乐祥和、喜迎新年的气息。

通过此次剪纸活动，不仅提高了幼儿参与艺术活动的积极性和主动性，还增进了幼儿对剪纸艺术的了解，更弘扬了中华民族的传统文化。

项目三 捏制泥材料玩教具

内容提要

泥是生活中常见的一种材料，它可以根据人的意愿自由变形，具有较强的可塑性和黏性。因此，泥材料可以制作出多种生动形象的玩教具造型，是幼儿进行手工操作的材料之一。

本项目将以任务的形式分别介绍传统泥和彩泥玩教具的制作方法。

学习目标

知识目标

- 了解传统泥和彩泥的特点。
- 掌握制作传统泥玩教具和彩泥玩教具的基本技法。
- 熟练设计并制作传统泥玩教具和彩泥玩教具。

能力目标

- 能够独立进行泥造型的设计与制作。
- 能够将各种泥造型的创作灵活应用于手工教学和玩教具制作。

素质目标

- 感受传统泥塑的艺术魅力，增强民族自豪感。
- 培养想象力、创造力，提高审美能力和审美情趣。

任务一

玩玩玩——传统泥

传统泥（俗称泥巴）在日常生活中随处可见且安全无害，利用它可以制作很多玩教具，小到一个球、大到一座城堡，其制作过程有趣，造型不拘一格，可供幼儿尽情玩耍。

此外，泥材料玩教具是一种建构类型的玩教具，它操作简便、环保无污染、可塑性强，深受幼儿的喜爱，常用于幼儿园教育中。因此，熟练掌握泥材料玩教具的制作方法对于幼儿园教学工作具有重要的意义。

本任务主要介绍制作传统泥玩教具的基本技法，以及用传统泥制作“可爱的小鸡”和“玫瑰花罐子”的方法。开始学习本任务之前请大家提前准备传统泥、喷壶、雕刀和海绵等材料，如图3-1所示。

图3-1　材料准备

任务目标

- 掌握传统泥玩教具制作的基本技法。
- 能够根据幼儿的心理特点和教学活动的要求，设计使用传统泥自制玩教具的活动。

一、学习制作传统泥玩教具的基本技法

使用传统泥制作玩教具的基本技法有摔、团、搓、捏、盘、切和抹。

（1）摔：用力摔泥巴，使其柔软便于塑造，并且可以摔出要刻画物体的大致形状，如图3-2（a）所示。

（2）团：取一小撮泥巴，放在手掌心，然后两手掌心相对，上手掌圆形打圈，将泥块团成球状或椭圆状，如图3-2（b）所示。

（3）搓：两手掌心相对，前后来回搓动泥块，或放在平板上，一只手来回搓，即可搓出长条状，如图3-2（c）所示。

（4）捏：大拇指和食指相互配合，捏出所需的形状，注意要用力均匀，如图3-2（d）所示。

（5）盘：把搓成的细长条泥巴一圈一圈地盘起来，如图3-2（e）所示。

（6）切：事先做好长条形、圆形和长方形等基本形状，然后在此基础上切分成小块，如图3-2（f）所示。

（7）抹：使用工具将造型接口处的痕迹抹平，如图3-2（g）所示。

(a)

(b)

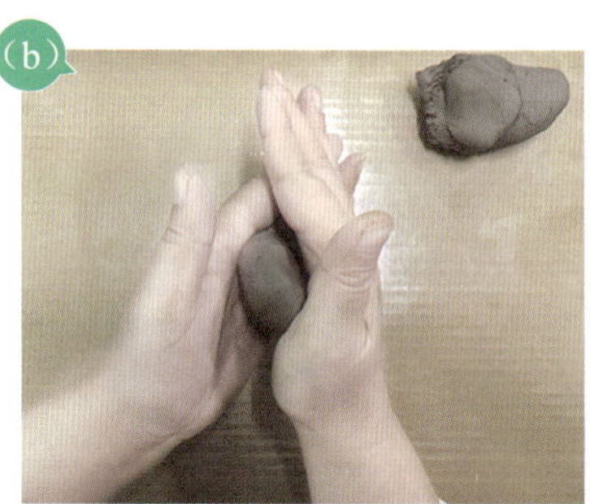

(c)

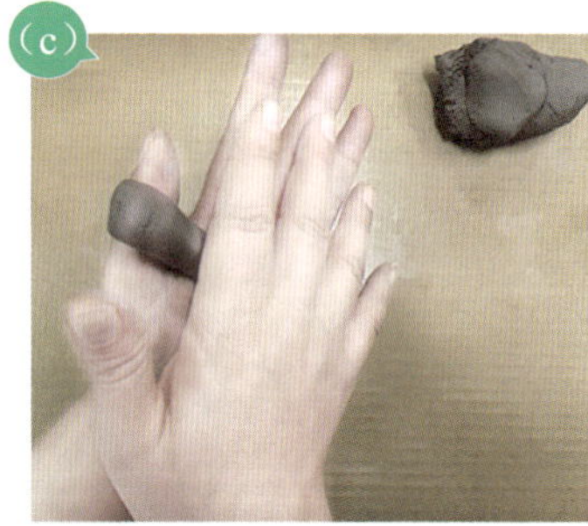

(d)

(e)

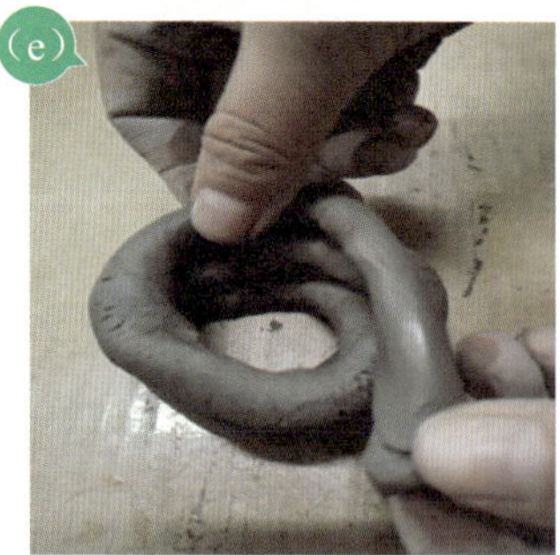

(f)

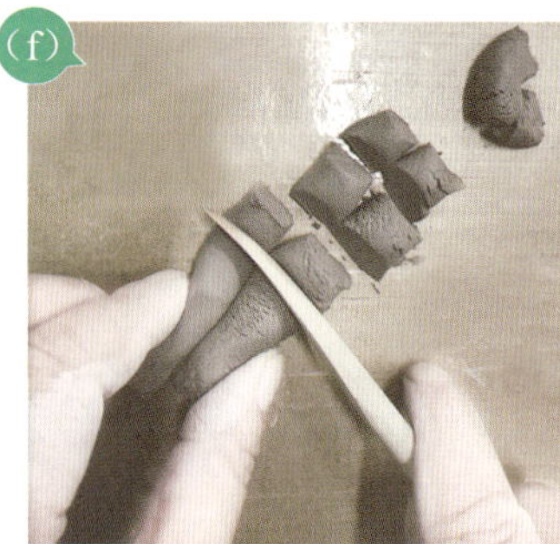

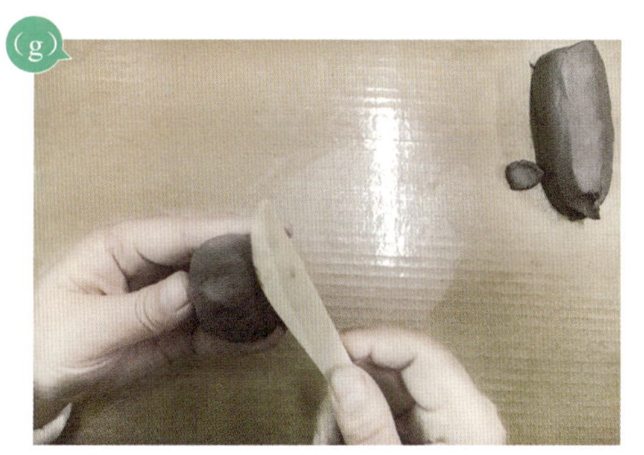

图3-2 基本技法

二、制作泥塑“可爱的小鸡”

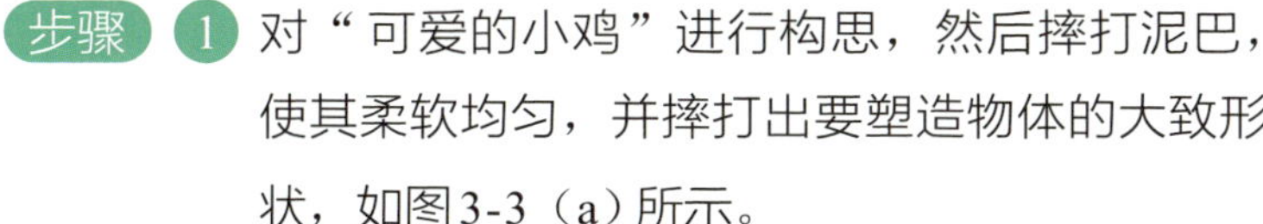

步骤 1 对“可爱的小鸡”进行构思，然后摔打泥巴，使其柔软均匀，并摔打出要塑造物体的大致形状，如图3-3（a）所示。

制作泥塑
“可爱的小鸡”

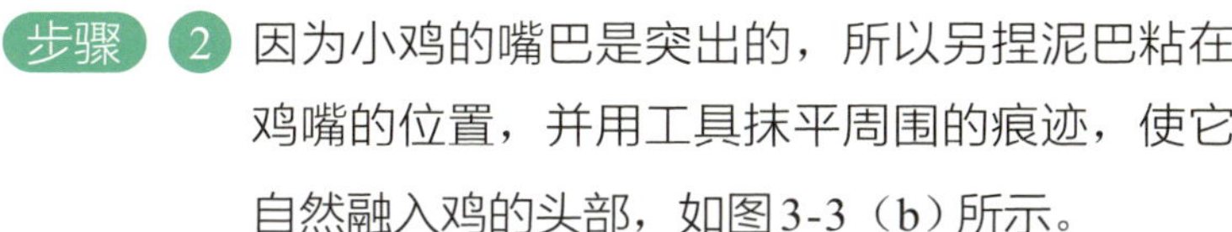

步骤 2 因为小鸡的嘴巴是突出的，所以另捏泥巴粘在鸡嘴的位置，并用工具抹平周围的痕迹，使它自然融入鸡的头部，如图3-3（b）所示。

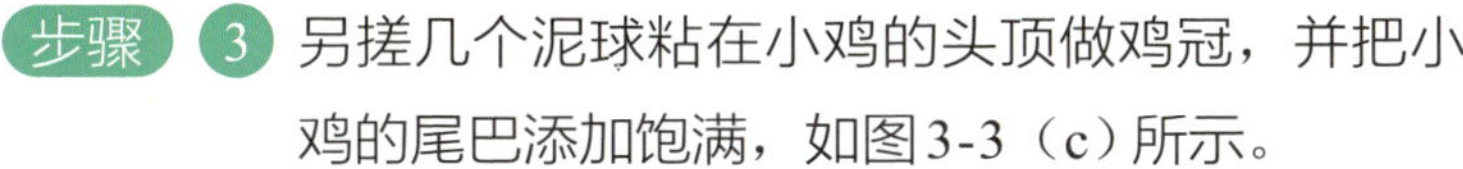

步骤 3 另搓几个泥球粘在小鸡的头顶做鸡冠，并把小鸡的尾巴添加饱满，如图3-3（c）所示。

步骤 4 用清水把整个小鸡抹光滑，如图3-3（d）所示。

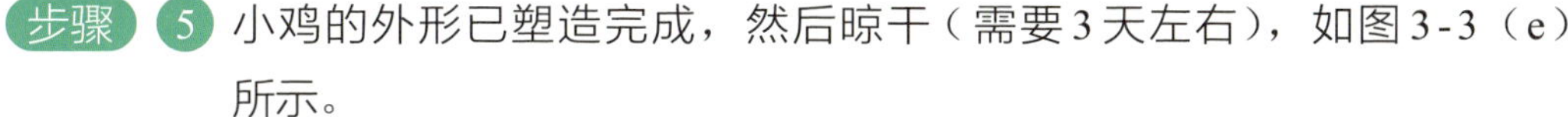

步骤 5 小鸡的外形已塑造完成，然后晾干（需要3天左右），如图3-3（e）所示。

步骤 6 在晾干的小鸡身上涂上底色，如图3-3（f），（g）所示。

步骤 7 对小鸡的局部特征进行刻画并上色，“可爱的小鸡”就制作完成了，如图3-3（h），（i）所示。

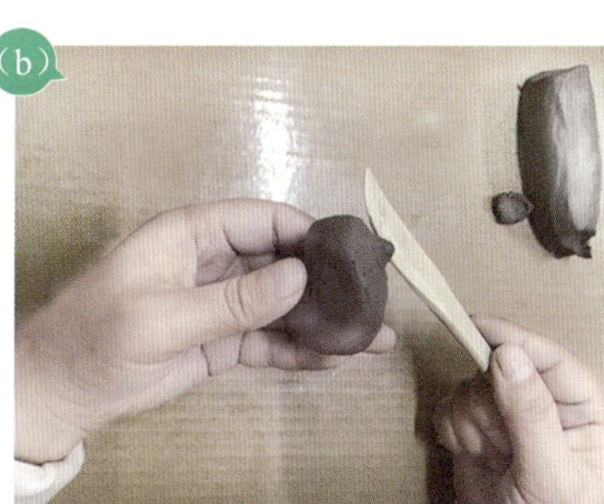

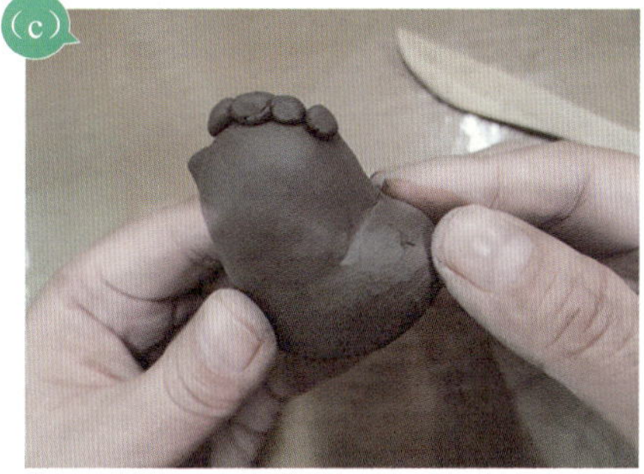

图3-3 “可爱的小鸡”的制作过程

三、制作泥塑“玫瑰花罐子”

步骤 1 取适当大小的泥巴揉搓，如图3-4（a），（b）所示。

步骤 2 将泥巴捏成片状，就变成了一片玫瑰花瓣，如图3-4（c）所示。

步骤 3 把花瓣裹在一个小泥团的外面，并重复该动作，一朵玫瑰花就做好了，如图3-4（d）所示。

步骤 4 将泥巴搓成长条，并盘起来，做成一个罐子的形状，然后将做好的玫瑰花装饰在罐子的外面，“玫瑰花罐子”就制作完成了，如图3-4（e）所示。

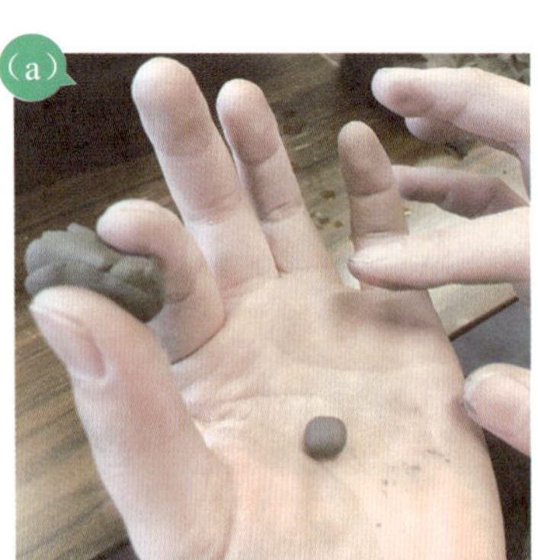
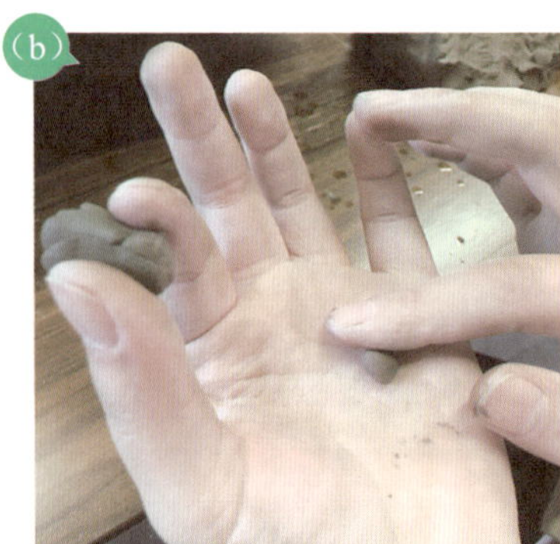

图3-4 “玫瑰花罐子”的制作过程

任务拓展

用传统泥精心设计并制作一件艺术品。

成果展示

传统泥玩教具的制作成果展示如图3-5所示。

图3-5　成果展示

南瓜

大班美工课

◆ 设计意图

泥工活动是大班幼儿特别喜欢的活动之一，而且该活动有利于增强幼儿对立体造型的感知能力。

南瓜是一种常见的植物，它大大的造型和暖暖的颜色深受幼儿的喜爱。本课程通过开展泥工活动的方式，使幼儿全面认识南瓜，并培养幼儿观察物品的方法和习惯，同时增强幼儿的手眼协调能力。

◆ 活动目标

1．在学会团、搓、压等基本技法的基础上，借用辅助工具塑造南瓜的基本形象。

2．培养幼儿独立看图进行学习的能力。

3．感受制作过程中的乐趣和成就感。

4．培养幼儿的动手能力。

◆ 活动重点

借助辅助工具完成南瓜作品，体验成功的感受。

◆ 活动难点

将南瓜挂在南瓜架上，以及南瓜与茎部的连接。

◆ 活动准备

物质准备：传统泥若干、泥工板、牙签和步骤图等。

经验准备：熟悉南瓜的生长过程及南瓜的形状。

◆ 活动过程

一、激趣导入

展示动画课件，让幼儿猜想结出的果实是什么？让幼儿产生兴趣。

二、知识问答

教师："南瓜是什么形状？（圆形、扁扁的圆形。）那我们怎样制作出这个形状呢？（根据幼儿的回答，教师制作出其形状。）南瓜上面都有什么花纹？如果让你来制作南瓜，你有什么好的办法制作上面的花纹吗？"

教师："刚才看了南瓜的生长过程，你们知道南瓜长在什么地方吗？"

教师："你们有什么好的办法可以将我们制作好的南瓜挂在南瓜架上吗？"

三、幼儿操作练习

将幼儿分成两组进行制作，比一比看哪组小朋友制作的南瓜在南瓜架上长得又圆又好看。

幼儿开始制作，教师进行如下指导。

1．当幼儿对于南瓜的比例把握不准确时，教师可以提示幼儿观察步骤图片，或者通过分解各部分，再进行组合的方法来完成作品，而且还要及时提示幼儿利用工具刻画南瓜的细节。

2．当幼儿在组合南瓜的两个部分时，教师应该提示幼儿注意观察南瓜的形状，不要将南瓜压扁。

3．当幼儿不能将制作的南瓜挂在南瓜架上时，教师可以建议幼儿将南瓜的茎部做粗做长，然后再将南瓜挂在上面，或者建议幼儿观察其他幼儿的南瓜是如何在南瓜架子上生长的，借鉴他人的经验。

四、评价作品

分别请4名小朋友对两组的南瓜作品进行评价。

◆ 活动延伸

教师鼓励幼儿观察其他植物的生长及它们的果实，并进行绘画和手工制作。

任务二

捏捏捏——彩泥

彩泥主要包括超轻黏土、橡皮泥和软陶，因其颜色鲜艳、质地柔软，且相较于传统泥更易塑形，所以在幼儿园常用来制作手工玩教具。

制作彩泥玩教具既可以锻炼幼儿的小手，促进幼儿肌肉的发育，又可以激发幼儿的想象力和创造力。此外，彩泥的成分健康、环保、无毒，且成本较低、容易清洗，所以它在幼儿园手工制作活动中得到了广泛应用。

本任务主要介绍制作彩泥玩教具的基本技法，以及使用超轻黏土制作“一只偷懒的小白兔”的方法。开始学习本任务之前请大家提前准备超轻黏土、白乳胶和辅助工具等材料，如图3-6所示。

图3-6　材料准备

任务目标

- 了解彩泥的种类和制作工具。
- 掌握用彩泥制作玩教具的基本技法。
- 能够根据幼儿的心理特点和教学活动的要求设计并制作彩泥玩教具。

一、学习制作彩泥玩教具的基本技法

使用彩泥制作玩教具的基本技法除了团［见图3-7（a），（b）］、搓［见图3-7（c），（d）］、盘［见图3-7（e），（f）］、捏［见图3-7（g）］、切［见图3-7（h）］之外，还有压、剪、划、戳、贴和接。

（1）压：在团和搓的基础上，用手将彩泥用力压扁或压出凹坑，如图3-7（i）所示。

（2）剪：先做出基本造型，然后用剪刀剪开，如图3-7（j）所示。

（3）划：在已做好的某个造型上，用辅助工具在上面画线或圈等进行细节装饰，如图3-7（k）所示。

（4）戳：在事先做好的造型上，用带尖的辅助工具（如牙签等），在造型上戳洞，如图3-7（l）所示。

（5）贴：指将装饰的小造型镶到某个大的造型上，如图3-7（m）所示。

（6）接：将两个部分连成一个整体的方法，如图3-7（n）所示。

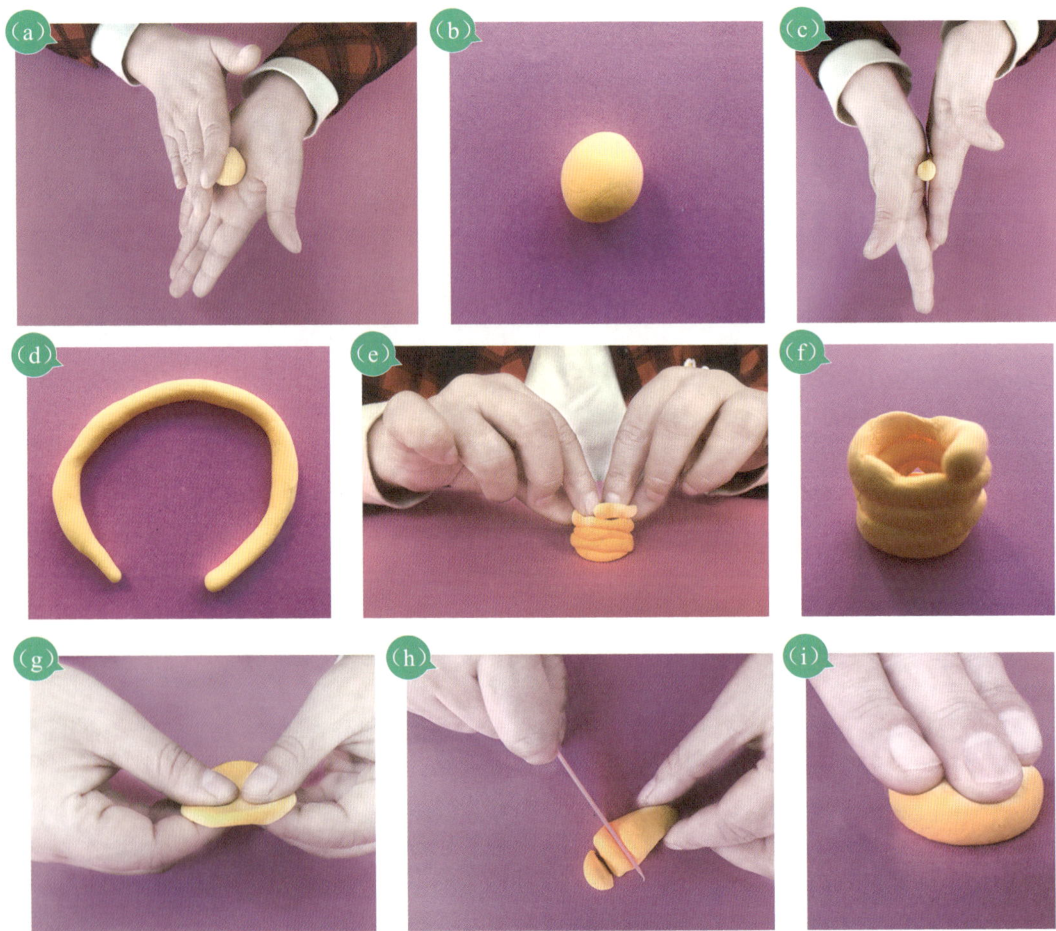

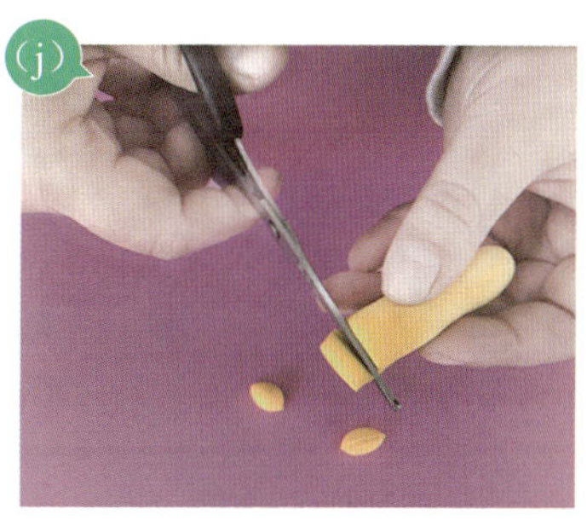

图3-7 基本技法

二、制作超轻黏土玩教具“一只偷懒的小白兔”

步骤 1 对“一只偷懒的小白兔”进行构思，然后用超轻黏土分别捏出胡萝卜和小白兔的每个组成部分，包括根、叶子、耳朵、头、身体和尾巴等，如图3-8（a）所示。

步骤 2 先将胡萝卜组合好，再将胡萝卜与小白兔的身体组合好，接着将小白兔头部组合好，并将其与小白兔的身体组合，最后将小白兔的尾巴进行组合，“一只偷懒的小白兔”就制作完成了，如图3-8（b）所示。

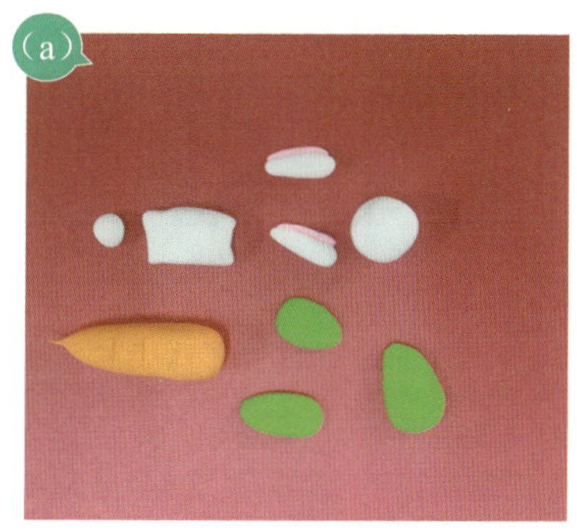

图3-8 “一只偷懒的小白兔”的制作过程

任务拓展

- 请结合《龟兔赛跑》的故事，使用超轻黏土设计一个作品。
- 根据动画片里的故事内容，使用超轻黏土设计一个作品。

成果展示

彩泥玩教具的制作成果展示如图3-9所示。

图3-9 成果展示

美妙的食物

中班美工课

◆ 活动目标

1．了解什么是超轻黏土，以及它的特性与制作方法。

2．巩固使用超轻黏土制作玩教具的基本技法，并掌握一种新的技法——卷（有助于一些食物的制作）。

3．通过亲自动手制作，感受制作超轻黏土作品的乐趣。

◆ 活动重点

掌握超轻黏土材料的特性和食物的制作过程。

◆ 活动难点

学习新的基本技法——卷。

◆ 活动准备

背景音乐、喜洋洋餐厅环境布置、教师示范食物作品若干、课件、超轻黏土若干和各种制作工具（如牙签、瓶盖、纸盘子）等。

幼儿已经掌握团、搓、压等基本技法。

◆ 教学过程

一、主题导入

1．听喜洋洋的音乐和教师一起跳舞，准备去喜洋洋餐厅吃饭。

2．到了餐厅后，告诉小朋友们厨师们忙不过来了，需要聘请几位优秀的厨师来帮忙，问谁愿意来帮忙。

二、中间环节

1．教师告诉小朋友们，今天做饭的材料是超轻黏土，并介绍它的一些特性，而且一定要告诉小朋友们使用超轻黏土做出来的东西虽然很漂亮，但是不能吃。

2．播放课件，看一看餐厅的菜单里有什么食物，有助于增长小朋友们的见识。

3．教师详细讲解制作方法与步骤，特别要讲新的技法——卷。教师出示自己制作好的食物，包括麻花、包菜、花卷和寿司等。

4．教师指导幼儿用今天新学的技法制作食物，使小朋友们掌握卷的动作。

三、展示食物

让制作完成的小朋友展示自己的食物，并讲一讲自己做的是什么。

四、小结

教师对幼儿进行全面积极的评价，并鼓励幼儿创新求异。

爱在手，党在心——红色泥塑献礼建党百年

泥塑不仅仅是一门艺术，更是一种传承，它来源于生活，是中国传统文化艺术创作中的重要组成部分。在中国共产党成立100周年之际，为了向党的百年华诞献礼，德清县某幼儿园开展了“爱在手，党在心——红色泥塑献礼建党百年”红色故事泥塑展活动，以此来激发幼儿爱党爱国的情怀，让红色基因走进幼儿心灵。

活动中，老师和幼儿利用超轻黏土，运用揉、捏、搓、刮、刻等基本技法，塑造了刘胡兰、江竹筠、小兵张嘎等英雄人物，以及《飞夺泸定桥》《南征北战》《狼牙山五壮士》等英雄故事，表现出一个个共产党人和革命者忠于党的事业、坚定信仰、视死如归、机智勇敢、沉着斗敌的场景。

此次活动，通过不同的作品内容和场景布置，让幼儿在感受美、表达美、创造美的过程中，培养爱国主义精神，传承红色基因，感悟美好生活。

·项目四· 缝制纺织材料玩教具

内容提要

纺织材料玩教具的制作可以上溯到古代，当时人们用布缝制成沙包、玩偶给幼儿玩耍，在无意中开始了对幼儿的早期教育。由于纺织材料玩教具的选材方便，制作简易，所以纺织材料玩教具至今仍是幼儿教育中常见的玩教具。

本项目将以任务的形式分别介绍不织布、布贴画和袜子娃娃玩教具的制作方法。

学习目标

知识目标

- 了解不同纺织材料的特点。
- 掌握缝制纺织材料玩教具的基本技法。
- 掌握制作不织布、布贴画和袜子娃娃玩教具的方法。

能力目标

- 能够独立设计并制作不织布、布贴画、袜子娃娃等纺织材料玩教具。
- 能够将各种布造型的创作灵活应用于手工教学和玩教具制作。

素质目标

- 感受传统布艺的艺术魅力，增强民族自豪感。
- 培养创新意识，提高创新能力。

任务一

缝缝缝——不织布

不织布又称无纺布，是一种不需要纺纱织布而形成的织物。它是将纺织短纤维或长丝进行定向或随机排列，形成纤网结构，然后采用机械压缩、热力粘贴等方法加固而制成的。

不织布玩教具是指使用不织布缝制的玩教具。不织布防潮、透气、柔韧、质轻、不助燃、容易分解、无毒无刺激性、色彩丰富，没有经纬线，剪裁和缝纫方便，而且容易定型，使用它缝制的玩教具构思新奇、工艺精巧、造型生动，因此，深受幼儿的喜爱，特别是小、中班的幼儿。

本任务主要介绍制作纺织材料玩教具的基本技法，以及制作不织布头饰“快乐的小熊”和立体不织布玩偶“香蕉娃娃”的方法。开始学习本任务之前请大家提前准备彩色不织布、剪刀、中性笔、双面胶、白乳胶、针、线和尺子等材料，如图4-1所示。

图4-1　材料准备

任务目标

- 掌握制作纺织材料玩教具的基本技法。
- 掌握不织布玩教具的制作方法。

一、学习制作纺织材料玩教具的基本技法

制作纺织材料玩教具的基本技法主要包括缝制和填充。

（一）缝制

缝制是制作纺织材料玩教具的主要技法，它可以完成拼合布样、订纽扣和锁边等多种操作。缝制的方法多种多样，在纺织材料玩教具的制作过程中，可以根据玩教具不同的部位与需要，采用不同的针法缝制，以保证手工缝制的质量与效果。常见的缝制方法有平针缝、回针缝、藏针缝、贴布缝和反口缝。

1. 平针缝

平针缝是针一上一下平顺地缝，缝制的间隔大约为3毫米，也可以根据需要自己调整，做到针节大小匀称即可，如图4-2所示。它主要用于拼接布样和缝制玩教具的轮廓，是最基础的针法之一，也是用得最多的针法。

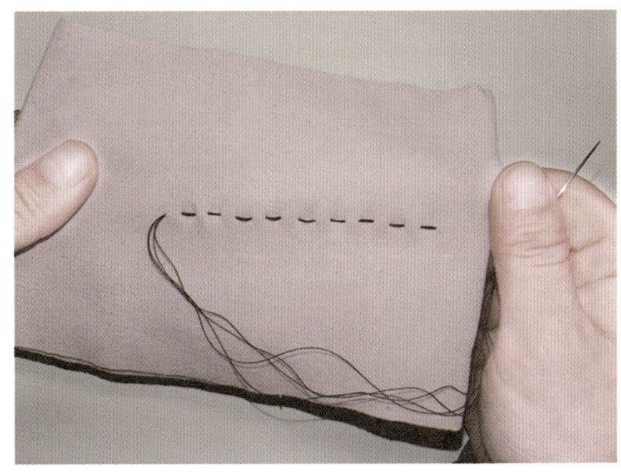

图4-2 平针缝

2. 回针缝

回针缝是第1个点出针，第2个点入针，第3个点出针后，返回第2个点入针，第4个点出针，接着返回第3个点入针后，第5个点出针，以此规律循环缝制，如图4-3所示。它主要用于缝制玩教具的表情与细节特征。

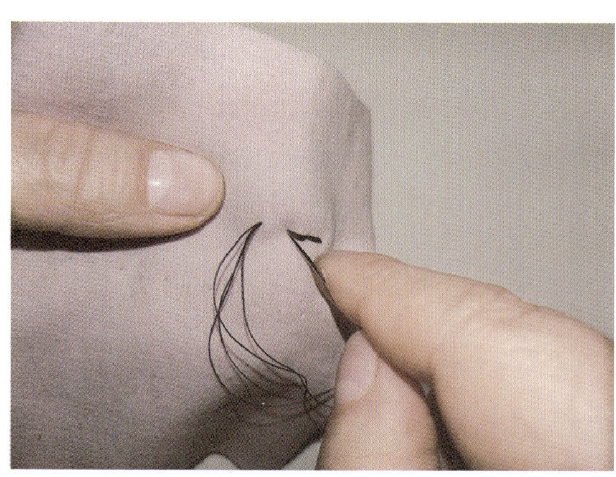

图4-3　回针缝

3. 藏针缝

藏针缝是先将两块布折叠合并在一起，起针的时候，线头藏在两块布的内侧，下一针入针的位置要与上一针出针的位置保持在同一竖直面上，然后平行出针，线稍微抽紧，如图4-4所示。它主要用于缝制玩教具的翻口处和组合玩教具的各个部件。

4. 贴布缝

贴布缝是沿贴布的边缘垂直下针，进行缝制，如图4-5所示。它起针和收针的线头可以藏在贴布的下面，多用于缝制玩教具的表情特征和小部件。

图4-4　藏针缝

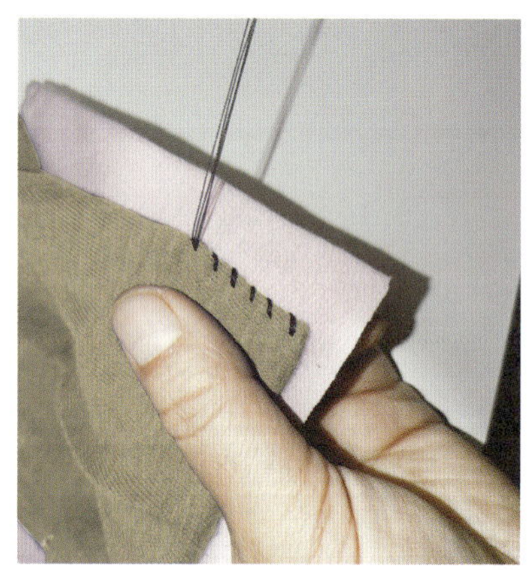

图4-5　贴布缝

5. 反口缝

反口缝是将布料的反面露在外面进行缝制，并留一个小口不缝，之后把所有的布料再从这个小口中翻过来，使其正面朝外。其中，不缝的小口称为反口。结构简单的玩教具，用手指就可以将布料从反口中翻过来。结构复杂或布料厚的玩教具，需要借助鹤嘴钳把布料从反口处拉出来，然后再将其翻过来。

（二）填充

由于布料本身不是立体的，只有填充一定的材料，才能变得立体，所以在制作玩教具时常通过填充的方式来增强玩教具的立体感。

填充物一般分为颗粒状和棉絮状。根据玩教具的实际用途不同，填充物也不相同。例如，沙包常使用玉米粒、干豆子和大米等粮食作物来填充，布偶常使用棉花、丝绵等柔软的材料来填充。填充量的多少根据实际需要而定。

二、制作不织布头饰“快乐的小熊”

步骤 1 对“快乐的小熊”进行构思，然后在草稿纸上绘制图案，如图4-6（a）所示。

步骤 2 把草稿纸上的图案剪下来放在选取的不织布上进行拓剪，如图4-6（b），（c）所示。

步骤 3 把剪好的图案细节组合拼贴，如图4-6（d），（e）所示。

步骤 4 将小熊嘴巴和耳朵的细节部分添加完整，然后在其背后加上色卡纸或皮筋，“快乐的小熊”头饰就制作完成了，如图4-6（f）所示。

制作不织布头饰“快乐的小熊”

(a)

(b)
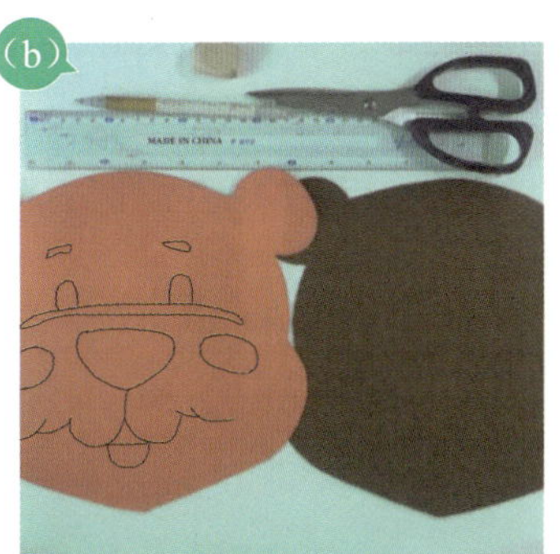
(c)
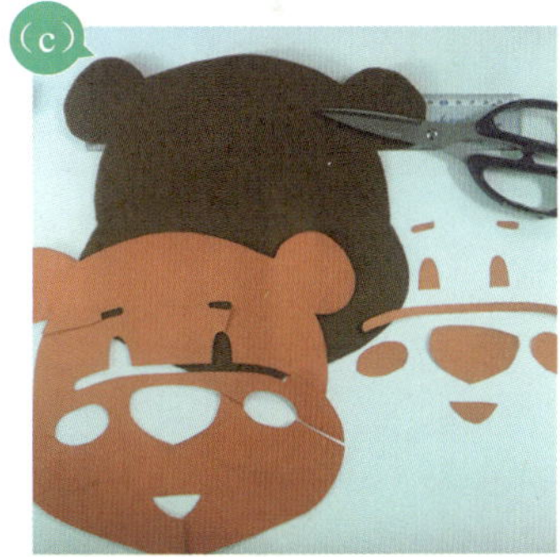
(d)

(e)

(f)

图4-6 “快乐的小熊”的制作过程

三、缝制不织布玩偶“香蕉娃娃”

步骤 1 对“香蕉娃娃”进行构思，然后用铅笔在草稿纸上绘制图案，如图4-7（a）所示。

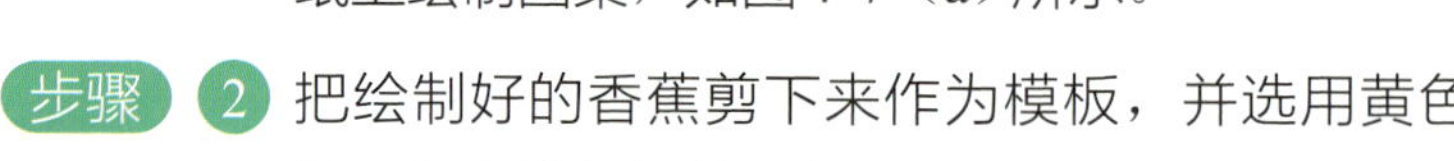

步骤 2 把绘制好的香蕉剪下来作为模板，并选用黄色的不织布进行拓剪，如图4-7（b）所示。

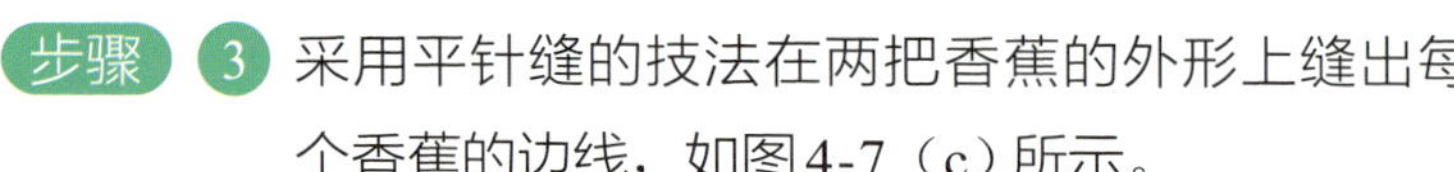

步骤 3 采用平针缝的技法在两把香蕉的外形上缝出每个香蕉的边线，如图4-7（c）所示。

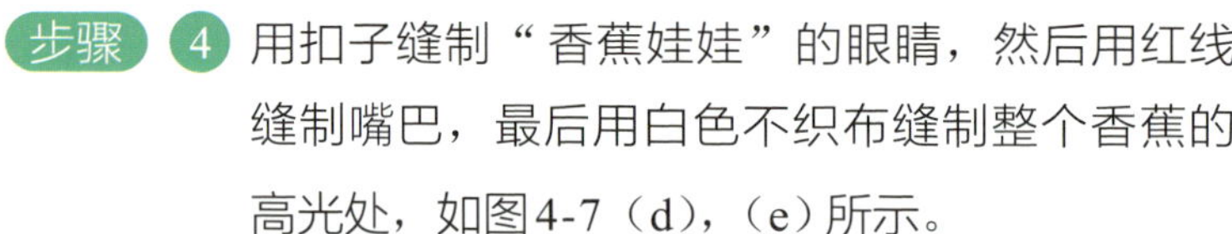

步骤 4 用扣子缝制“香蕉娃娃”的眼睛，然后用红线缝制嘴巴，最后用白色不织布缝制整个香蕉的高光处，如图4-7（d），（e）所示。

步骤 5 把前后两片香蕉缝起来，留小口塞入丝绵，然后将小口缝住，一个立体的“香蕉娃娃”就做好了，如图4-7（f）所示。

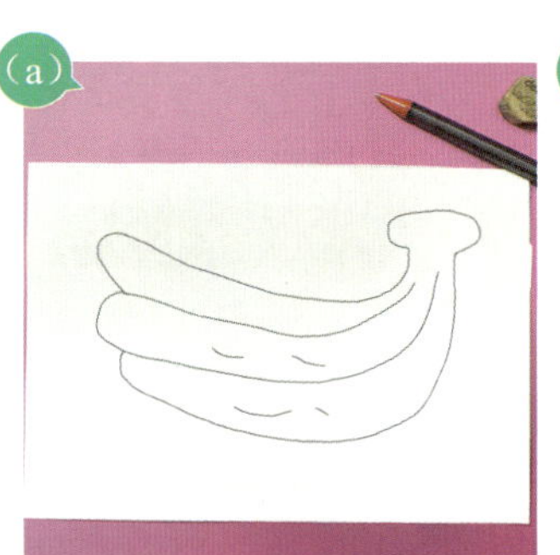
(a)

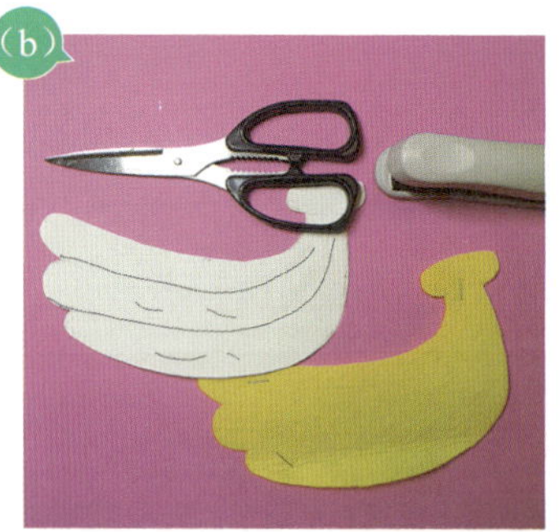
(b)

(c)

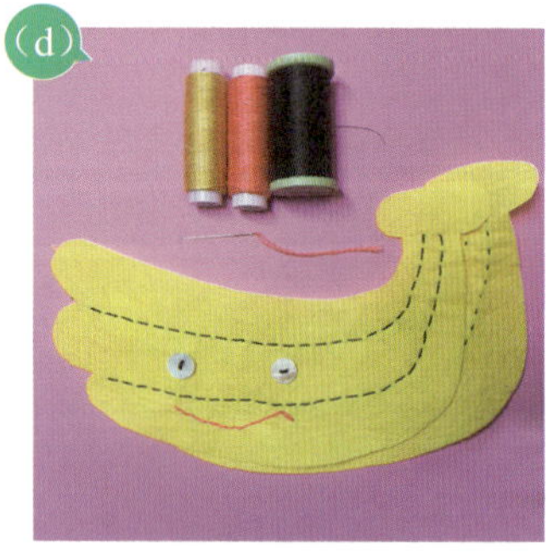
(d)

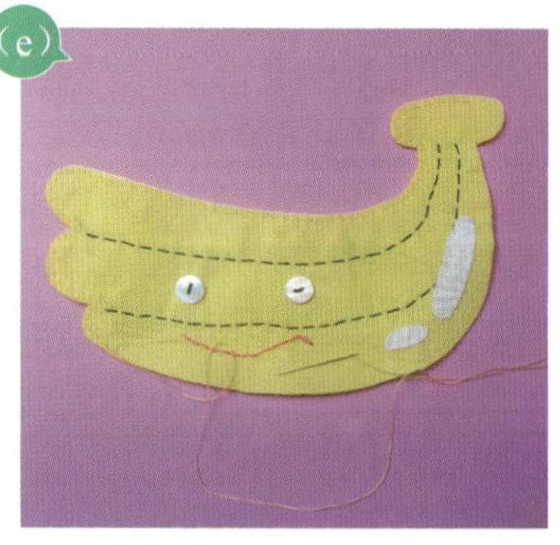
(e)

(f)

图4-7 “香蕉娃娃”的制作过程

任务拓展

使用不织布材料设计并制作一个玩偶。

成果展示

不织布玩教具的制作成果展示有布书《乌鸦喝水》（见图4-8）、布书《三个和尚》（见图4-9）和一些其他作品（见图4-10）。

图4-8　布书《乌鸦喝水》

图4-9　布书《三个和尚》

图4-10　其他作品

故事一　《乌鸦喝水》

某天，一只小乌鸦口渴了，找到半瓶水，可是瓶子的口太小，小乌鸦的嘴巴又太大，它根本无法喝到里面的水。怎么办？这可把小乌鸦给急坏了……后来，聪明的小乌鸦看到周围有很多小石块，灵机一动，将十几个小石块一块一块地叼起来放进了瓶子里。没一会儿，瓶子里的水就升高了，小乌鸦贴近瓶子，脖子一伸，咕咚咕咚……一下子喝到了好多的水。就这样，小乌鸦恢复了体力，一溜烟地飞回了自己家。

故事二 《三个和尚》

从前有座山，山上有座庙。有一天，一个小和尚来到庙里，看见庙里的水缸里没水了，就下山挑来水倒满了水缸，还给观音瓶子里也加满了水，干枯的杨枝很快恢复了生机。他每天挑水、念经、敲木鱼，夜里还不让老鼠来偷东西，生活过得安稳自在。

不久，庙里又来了个高和尚。他渴极了，一到庙里，就把半缸水喝光了。小和尚让他去挑水，高和尚心想一个人去挑水太吃亏了，他要求小和尚和他一起去抬水。于是两个人抬着一只水桶去山下取水，抬水的过程中水桶必须放在扁担的中间，如果不在中间，两个人就推来推去，谁都不想多出一点力气。

之后，庙里又来了个胖和尚。他也想喝水，但恰好缸里没有水了。小和尚和高和尚让他自己去挑，胖和尚挑来一担水，放下水桶就立刻咕咚咕咚地大喝起来，两桶水被喝了个精光。之后谁也不去挑水，从此三个和尚就没水喝了。

制作小灯笼

中班美工课

◆ 活动目标

1．通过制作小灯笼，使幼儿了解中国传统文化。

2．利用不织布等材料制作和装饰小灯笼。

3．运用不同的材料装饰灯笼，激发幼儿的兴趣，充分发挥幼儿的想象力。

◆ 活动重点

学习使用不织布等材料制作和装饰小灯笼。

◆ 活动难点

如何通过制作和装饰小灯笼，培养幼儿的想象力和创造力。

◆ 活动准备

未封口的不织布小灯笼、棉花、剪刀、双面胶和手揉纸等。

◆ 活动过程

一、激趣导入

1．播放视频“闹花灯”，使小朋友们了解元宵节闹花灯的习俗。

2．教师出示各种灯笼的图片，引导幼儿观察，说出灯笼的特点。

教师："小朋友们，你们看看灯笼长什么样子？它们都是什么形状的？有哪些特别的地方？"

教师："小朋友们真聪明，灯笼有圆圆的身体，而且身上还有各种装饰。灯笼的上面有一根绳子，下面有一些灯笼穗。"

二、制作讲解

1．教师展示灯笼。

教师："你们喜欢这个小灯笼吗？"（喜欢。）

教师："你们想不想自己动手制作一个这样的小灯笼呢？"（想。）

教师："你们猜猜小灯笼是用什么材料做的？"（用布料制作的。）

2．教师展示制作材料，包括已经缝制好的不织布灯笼、棉花、各色手揉纸、剪刀和双面胶等。

3．教师讲解制作方法。

教师："大家把棉花塞进使用不织布缝制的小灯笼里，注意要塞满，灯笼变得圆圆的才好看。"

4．教师用事先准备好的一些手揉纸、黄色带子、灯笼穗和双面胶等材料对小灯笼进行装饰。

5．讲解过程中积极和小朋友们互动。

教师："小朋友们，你们知道如何把这些漂亮的花朵和黄色的带子固定在灯笼上吗？"

教师："对，用双面胶。下面就请小朋友们行动起来，开始制作漂亮的小灯笼，制作完成后我们举办一场灯笼展。"

三、小朋友们制作小灯笼

小朋友们在教师的辅导下制作小灯笼。

四、灯笼展览

鼓励小朋友们积极展示自己制作的小灯笼，完成灯笼展览。

五、小结

教师："这节课小朋友们每人设计并制作了一个与众不同的小灯笼，这些灯笼都是用不织布做出来的，很漂亮。希望大家以后可以利用布材料来呈现生活中的美好事物。"

◆ 活动延伸

教师："小朋友们，今天大家每个人都制作了一个精美的小灯笼，大家把做好的小灯笼挂在花园中，让爸爸妈妈一起来欣赏你们美丽的作品吧！"

任务二

粘粘粘——布贴画

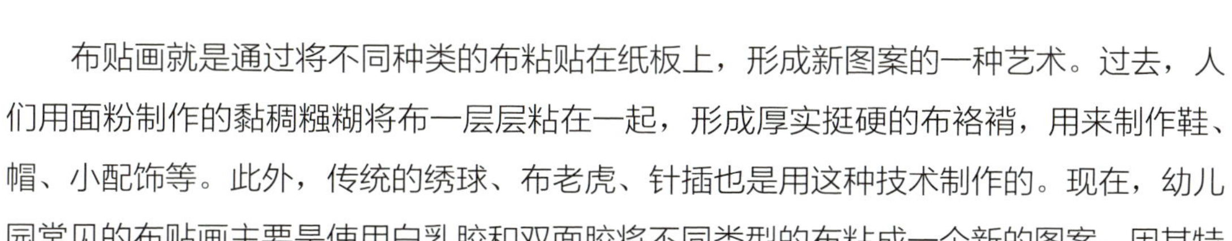

布贴画就是通过将不同种类的布粘贴在纸板上，形成新图案的一种艺术。过去，人们用面粉制作的黏稠糨糊将布一层层粘在一起，形成厚实挺硬的布袼褙，用来制作鞋、帽、小配饰等。此外，传统的绣球、布老虎、针插也是用这种技术制作的。现在，幼儿园常见的布贴画主要是使用白乳胶和双面胶将不同类型的布粘成一个新的图案，因其特有的纹理和独特的造型深受教师和幼儿的喜爱。

本任务主要介绍制作布贴画“繁花似锦”的方法。开始学习本任务之前请大家提前准备各种颜色和花型的布、铅笔、剪刀、双面胶、白乳胶、美工刀和硬纸板等材料，如图4-11所示。

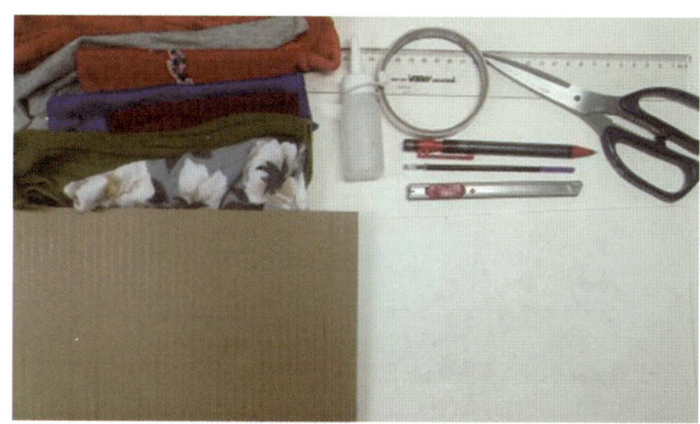

图4-11　材料准备

任务目标

- 掌握制作布贴画玩教具的基本方法。
- 能够利用布贴画开展幼儿教育活动。

制作布贴画“繁花似锦”

步骤 1 对“繁花似锦”进行构思，用铅笔在草稿纸上绘制图案，并将图案中的每部分剪下作为模板，如图4-12（a）所示。

步骤 2 根据模板在相应的花布上分别拓剪出需要的造型，如图4-12（b），（c）所示。

步骤 3 用双面胶或白乳胶把剪好的造型粘贴在选好的纸板上，一幅漂亮的作品就完成了，如图4-12（d）～（f）所示。

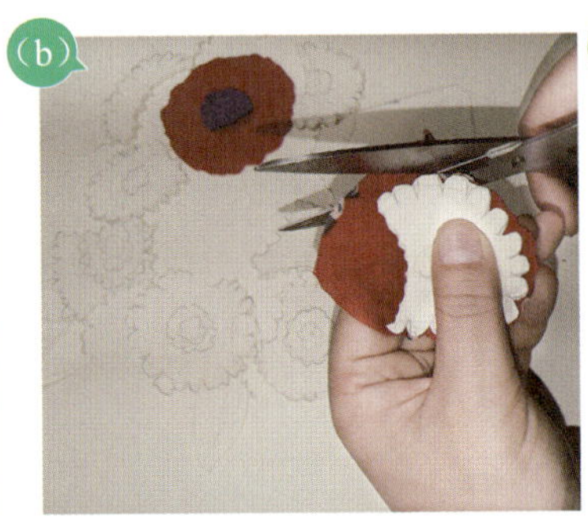

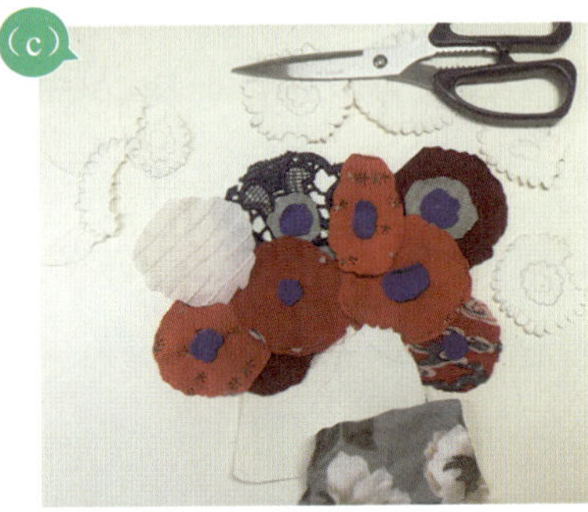

图4-12 “繁花似锦”的制作过程

任务拓展

以“幸福的一家人”为主题设计并制作一幅布贴画作品。

成果展示

布贴画玩教具的制作成果展示如图4-13所示。

图4-13　成果展示

教案分享

美丽的蝴蝶

大班布贴画活动

◆ 活动目标

1．通过学习布贴画的制作方法，对幼儿进行审美教育。

2．掌握布贴画的制作方法，培养幼儿的动手操作能力，并让他们养成耐心细致的良好习惯。

3．通过装饰蝴蝶，激发幼儿的兴趣，充分发挥幼儿的想象力。

◆ 活动重点

认识蝴蝶的形象，引导幼儿观察、分析蝴蝶头、身和翅膀的基本形状。

◆ 活动难点

如何选择合适的花布装饰蝴蝶身上漂亮的花纹。

◆ 活动准备

颜色和花纹不同的碎布若干、纸、纸板、剪刀和胶水等。

◆ 活动过程

一、课前预习

让家长给孩子看蝴蝶的图片或视频。

二、观察蝴蝶标本

教师："小朋友们，为什么把蝴蝶称为'会飞'的'花儿'？什么原因使它们这么美丽？"（因为蝴蝶有美丽的花纹，有花儿一样的颜色。）

教师："蝴蝶的种类繁多，形状各异，但它们的外形有一个共同特征，这个共同特征是什么呢？"（左右对称。）

教师："自然界的蝴蝶没有完全一样的，它们都有自己独特的美，请小朋友们认真学习制作蝴蝶的方法，然后制作属于自己的、独一无二的蝴蝶。"

三、讲解制作方法

教师拿出示范画供小朋友们欣赏，然后向小朋友们提问。

教师："小朋友们，这只蝴蝶是用什么材料制作的？"（用布制作的。）

教师："小朋友们真聪明，下面我们一起来看一下这只蝴蝶的制作方法。"

教师一边演示制作方法一边进行讲解。

1．教师引导幼儿回忆蝴蝶的外形特征，并在底纸上画出蝴蝶的外形，并将每部分剪下作为模板。

2．引导幼儿发挥想象力，选择色彩、花纹合适的碎布，同时注意色彩搭配。

3．用模板对碎布进行拓剪。

4．用胶水在纸板上依次贴上蝴蝶的翅膀、头、胸、腹、触须和花纹，漂亮的蝴蝶就做好了。

四、幼儿制作蝴蝶

小朋友们在教师的辅导下制作蝴蝶。

五、蝴蝶展览会

教师："请小朋友们把做好的蝴蝶请到花园中，我们开展一场蝴蝶展览会，并比较一下哪只蝴蝶最漂亮。"

◆ 活动延伸

教师："这节课大家使用生活中的碎布制作了美丽的蝴蝶。大家都非常棒。请大家放学回家后尝试采用布贴画的方式来呈现生活中的美好事物。"

任务三

制制制——袜子娃娃

用袜子制作玩具布偶，是当下比较流行的一种制作方式，其主要原因是取材方便，制作简单有趣，同时还可以废物利用。而且，由于不同的袜子花形不同、质地不同、颜色不同，制作出来的袜子娃娃也是形态各异、与众不同的。因此，制作袜子娃娃深受幼儿的喜爱。除此之外，制作好的袜子娃娃还可以摆放在幼儿园的娃娃区，供幼儿们玩游戏时使用。

本任务主要介绍制作袜子娃娃“帅宝贝”的方法。开始学习本任务之前请大家提前准备袜子、扣子、针、线、剪刀、中性笔和尺子等材料，如图4-14所示。

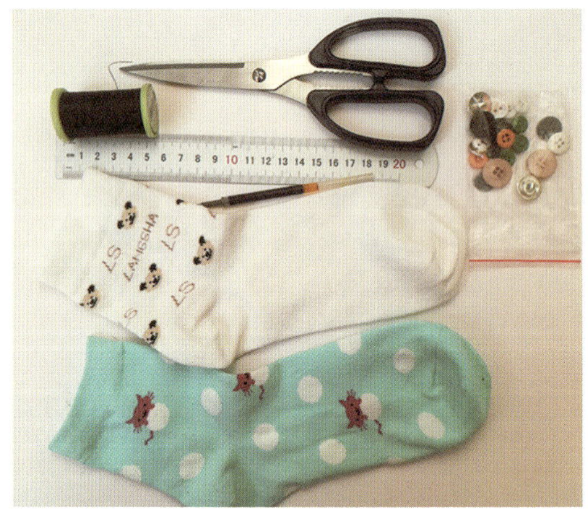

图4-14　材料准备

任务目标

- 掌握制作袜子娃娃玩教具的基本方法。

制作袜子娃娃“帅宝贝”

步骤 1 对袜子娃娃“帅宝贝”进行构思，然后挑选两只合适的袜子，并将它们剪开，其中白色袜子用于制作娃娃的头部，蓝色袜子用于制作娃娃的身体和帽子，如图4-15（a）所示。

步骤 2 取蓝色袜子的一部分制作娃娃的腿和身体，即将袜子从中间剪开，并将其底部剪成圆形，然后缝制翻面，再塞入丝绵，如图4-15（b）～（d）所示。

制作袜子娃娃

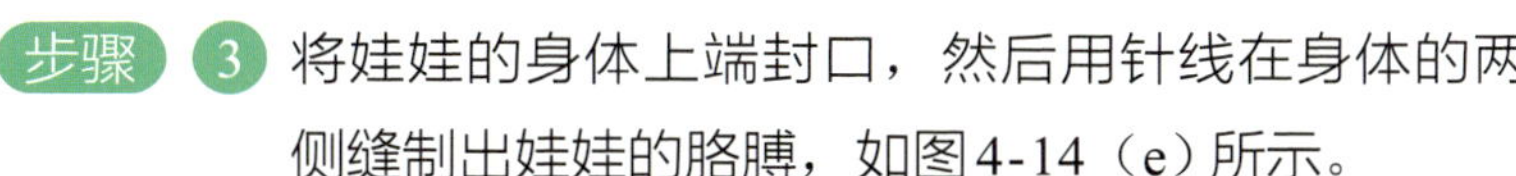

步骤 3 将娃娃的身体上端封口，然后用针线在身体的两侧缝制出娃娃的胳膊，如图4-14（e）所示。

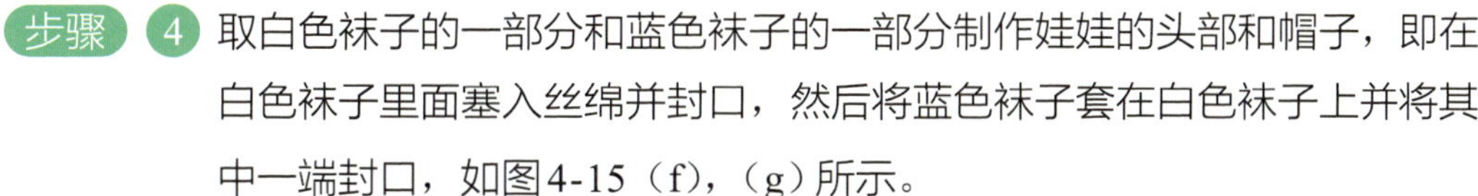

步骤 4 取白色袜子的一部分和蓝色袜子的一部分制作娃娃的头部和帽子，即在白色袜子里面塞入丝绵并封口，然后将蓝色袜子套在白色袜子上并将其中一端封口，如图4-15（f），（g）所示。

步骤 5 用扣子装饰娃娃的眼睛和帽子，如图4-15（h）所示。

步骤 6 用水笔装饰娃娃的嘴巴和脸颊，并另取一块布用作娃娃的围巾，袜子娃娃“帅宝贝”就制作完成了，如图4-15（i）所示。

（a）

（b）

（c）

（d）

（e）

（f）

图4-15 “帅宝贝”的制作过程

任务拓展

设计并制作一些袜子娃娃。

成果展示

袜子娃娃玩教具的制作成果展示如图4-16所示。

图4-16 成果展示

故事 **《小兔子乖乖》**

兔妈妈有三个孩子，一个叫红眼睛，一个叫长耳朵，一个叫短尾巴。有一天，兔妈妈对三个孩子说：“妈妈要去树林里拔萝卜，你们把门关得紧紧的，好好看家，不要给陌生人开门，等妈妈回来才能开。”兔妈妈说完，就拎了篮子到树林里去了。

小兔子们记住妈妈的话，把门关得紧紧的。过了一会儿，大灰狼来了，他想把小兔子们当点心吃，可是小兔子们把门关得紧紧的，进不去啊！大灰狼坐在小兔子家门口，眯着眼睛，正在想坏主意，看见兔妈妈回来了，连忙跑到一棵大树的后面躲起来了。

兔妈妈走到家门口，推了推门，门关得紧紧的，就一边敲门，一边唱歌：“小兔子乖乖，把门儿开开！快点儿开开，我要进来。”三只小兔一听妈妈回来了，高兴地就把门打开了。小兔子们都围着妈妈开心地转圈圈。

第二天，兔妈妈又要去拔萝卜，小兔子们把门关得紧紧的。过了一会，大灰狼扮成兔妈妈的模样来到门前，唱道：“小兔乖乖，把门儿开开！”红眼睛从门缝一看不是妈妈，是一只大灰狼！于是小兔子们回答说：“不开不开我不开，妈妈没回来，谁来也不开！”接着，短尾巴说：“我们不信，除非你把你的尾巴从门缝伸进来，让我们看看到底是不是妈妈。”大灰狼想都没想，就把尾巴从门缝伸了进去，然后三只小兔一起用力把门狠狠地关上，刚好夹住大灰狼的尾巴。这时兔妈妈回来了，看到这个场景，立马放下手中的篮子，拿起棒子，对准大灰狼的头狠砸，大灰狼挣断了尾巴赶紧逃跑了。

兔妈妈走到门前，一边敲门，一边唱歌：“小兔子乖乖，把门儿开开！快点儿开开，我要进来。”小兔子听见妈妈的声音，抢着给妈妈开门，抢着帮妈妈拎篮子，兔妈妈高兴地说：“你们真是好孩子。”

袜子娃娃

小班亲子活动课

◆ 活动目标

1. 尝试邀请幼儿的爸爸妈妈一起参与制作富有创意的袜子娃娃，激发幼儿对手工的兴趣。

2. 加强亲子之间的感情，同时培养幼儿的观察力和创造力。

◆ 活动重点

了解娃娃的相关知识及设计方法。

◆ 活动难点

如何利用废旧袜子制作可爱的娃娃。

◆ 活动准备

袜子娃娃成品、课件、各种颜色的袜子、针、线、棉花、剪刀和其他缝制工具等。

◆ 活动过程

一、情景导入

教师："小朋友们，在日常生活中我们见过大大小小的毛绒娃娃，它们都是用什么制作的呢？其实呢，我们家里废旧的袜子就可以用来制作娃娃，它们具有很大的利用价值和改造价值。"

教师："今天，我们和爸爸妈妈一起利用袜子、棉花等材料设计并制作一个小娃娃，好不好？"

小朋友们自己参与制作娃娃不仅可以在制作过程中感受乐趣，还可以将其作为一份精美的礼物送给自己的好朋友。

二、引导探索

教师播放课件，展示娃娃照片，然后对照片上娃娃的外形、色彩和图案进行观察分析，并探索做袜子娃娃的方法。

三、教师现场演示并详细介绍制作方法

1. 请小朋友们认真观看教师制作袜子娃娃的方法，同时思考3个问题。

（1）用什么材料来制作娃娃？

（2）什么样的造型与色彩搭配能更好地烘托娃娃的精美？

（3）用什么缝制手法可以将娃娃缝得更加严密、结实、美观？

2. 教师开始讲解并演示袜子娃娃的制作过程。

（1）根据自己的喜好，选两只袜子，其中一只剪成3份，分别用于制作娃娃的身体、帽子和围巾，另一只剪成两份，取其中一份用于制作娃娃头部。

（2）取制作娃娃身体部分的袜子，在其脚趾处剪开，采用平针法缝制袜子的背面，然后将其翻面，并塞入棉花，娃娃的腿部就做好了。

（3）采用平针法将娃娃身体的开口处缝住，然后采用回针法缝制娃娃的胳膊。

（4）取制作娃娃头部的袜子，塞入棉花，并缝合开口处。

（5）采用藏针法将娃娃的身体和头部固定在一起。

（6）取制作娃娃帽子部分的袜子，为娃娃戴上，并将帽子头顶处的开口缝合。

（7）取制作娃娃围巾部分的袜子，为娃娃戴上并整理。

（8）发挥自己的想象，将纽扣等物品装饰在娃娃面部，作为眼睛和嘴巴等，一个精美的袜子娃娃就完成了。

四、操作练习

教师："请家长和小朋友们用手中的笔和纸在袜子上设计自己要做的袜子娃娃，注意造型新颖，外形、色彩、图案要搭配合适。制作过程中，请爸爸妈妈来缝制，小朋友们来帮爸爸妈妈取材料，一家人共同制作可爱的袜子娃娃。"

五、展示袜子娃娃

教师鼓励小朋友们积极展示自己和爸爸妈妈一起制作的袜子娃娃。

六、课堂小结

现在国家在提倡环保节能，而袜子又是人们生活之中常见的废旧物品，许多年轻的家长们就用家里的旧袜子为幼儿手工制作袜子娃娃，不仅能够节能环保，还能让幼儿的玩具充满暖暖的爱。

弘扬传统布贴艺术——阳新布贴画与延川布贴画

阳新布贴画与延川布贴画都是中国布贴艺术的典型代表，它们的形成与发展将中国人的勤劳、朴实和智慧展现得淋漓尽致。

阳新布贴画源于当地妇女对边角布料的整理再利用，而延川布贴画则源于当地妇女为衣服打的补丁。作为传统布贴艺术，两者的创作步骤基本相同：第一步，在图纸上设计造型；第二步，根据已有的布料进行分色构思，据此将图纸分块；第三步，按照纸块裁剪布料，然后将布块拼合，并用针线将其缝于底布上；第四步，适当结合刺绣等技艺，使布贴的细节更加完美；第五步，整理并完成布贴的制作。

虽然两者有着诸多共同之处，但由于地域文化的差异，它们又各具特色：阳新布贴画古朴、稚拙、大气，延川布贴画生动、细致、充满童趣。例如，阳新布贴画《壁挂·虎》（见图4-17）中老虎的鼻子被简化为水滴状，夸张的圆眼、大口和“王”字额纹很好地凸显了老虎的形象，线条方硬、曲折，呈现出粗矿的风格特点；而延川布贴画《虎》（见图4-18）中的老虎造型生动、细腻，极富童趣，色彩鲜艳，装饰丰富，线条圆润流畅，呈现出细腻的风格特点。

图4-17 《壁挂·虎》

图4-18 《虎》

• 项目五 • 改造废旧材料玩教具

内容提要

废旧材料在人们的日常生活中随处可见，如废旧纸、废旧塑料等。这些废弃材料通过改造、加工之后，都可以变废为宝，不仅节约了玩教具的制作成本，还能增强幼儿的环保意识。因此，废旧材料玩教具是幼儿园教育中必不可少的一部分。

本项目将以任务的形式介绍常见的废旧材料，以及使用废旧纸和废旧塑料制作玩教具的方法。

学习目标

知识目标

- 熟悉废旧材料的种类。
- 掌握常见废旧材料玩教具的制作方法。

能力目标

- 能合理利用废旧材料制作各种玩教具。

素质目标

- 树立“节约光荣、浪费可耻”的意识，培养勤俭节约的良好行为习惯。
- 从身边的小事做起，积极践行低碳生活，为节能减排、环境保护贡献力量。

任务一

找找找——废旧材料

一、废旧材料的种类

在幼儿园玩教具制作中提倡利用身边的一切可用之物进行再创造，因此，常利用废旧材料自制新的玩教具供幼儿们使用。废旧材料是指人们在生活中常见的既安全又卫生的废品，是幼儿园教学活动的重要资源。

日常生活中的废旧材料多种多样，其中，用于制作幼儿园玩教具的废旧材料可归纳为以下几类。

（1）废旧纸材料，包括硬纸板、纸盒、纸箱、纸杯、纸托盘、报纸和扑克牌等。

（2）废旧塑料材料，包括塑料瓶、瓶盖、塑料药瓶、塑料杯、塑料袋、吸管和纽扣等。

（3）废旧木质材料，包括筷子、冰糕棍和牙签等。

（4）废旧铁质材料，包括奶粉罐、饮料罐等。

二、废旧材料在幼儿园活动中的价值和意义

《幼儿园教育指导纲要（试行）》提出：“指导幼儿利用身边的物品或废旧材料制作玩具、手工艺品等来美化自己的生活或开展其他活动。”废旧材料在幼儿园活动中的价值和意义可归纳为3点。

（一）培养幼儿养成勤俭节约的好习惯

废旧材料皆来自生活，其材料丰富，易于收集，经过加工改造之后，可以发挥新的用途。而且，用废旧物品制作玩教具既经济实惠、又环保便利。除此之外，搜集废旧材料还有利于培养幼儿养成勤俭节约的好习惯。

（二）开发幼儿的想象力和创新力

废旧物品的种类繁多，取材方便，且可以通过剪、切、折、粘等多种制作方法对其进行改造、创新，既能开发幼儿的想象力和创新力，还有利于提高幼儿的动手操作能力，同时拓展游戏空间，丰富教学活动。

（三）促进亲子之间的沟通交流

利用日常废旧物品制作玩教具的活动有助于督促幼儿家长积极参与幼儿园的教学活动，促进亲子间的沟通交流，同时也可以使家园合作得到更好的效果。

任务二

改改改——废旧纸改成宝

废旧纸在人们的日常生活中随处可见，如纸箱、纸盒、纸杯、纸盘、纸袋、报纸和挂历等。人们通过剪切、弯卷、折叠、粘贴、绘制和组合等方式，可以将废旧的纸类材料变废为宝，重新利用。

由于废旧纸形状多样、花色繁多、质地各异，所以它在幼儿园玩教具制作中使用广泛。作为幼儿教师，要善于创新，将废弃纸变废为宝。

本任务主要介绍使用废旧纸盒制作玩教具“贪吃的小狮子”的方法。开始学习本任务之前请大家提前准备纸盒、色卡纸、马克笔和白乳胶等材料，如图5-1所示。

图5-1　材料准备

任务目标

- 掌握常见废旧纸材料玩教具的制作方法。
- 能够利用废旧纸材料开展自制玩教具活动。

制作玩教具“贪吃的小狮子”

步骤 1 准备一个优酸乳的空纸盒，如图5-2（a）所示。

步骤 2 沿着中线剪开纸盒的3个面，如图5-2（b）所示。

步骤 3 在剪开的纸盒背面贴上舌头，如图5-2（c）所示。

步骤 4 贴上狮子的鼻子，如图5-2（d）所示。

步骤 5 贴上狮子的眼睛，如图5-2（e）所示。一只“贪吃的小狮子”就做好了，如图5-2（f）所示。

（a）

（b）

（c）
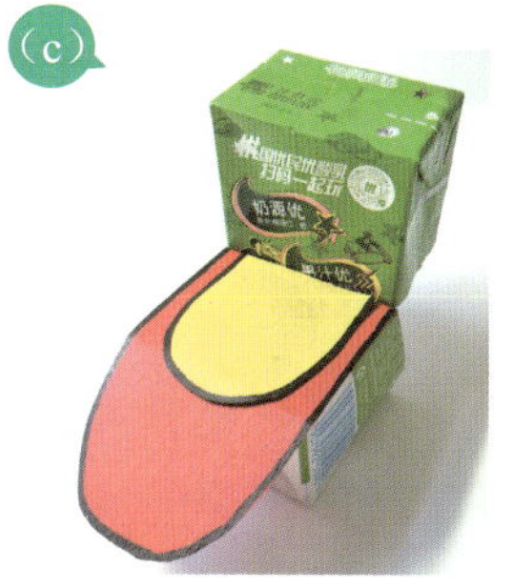

（d）

（e）

（f）

图5-2 “贪吃的小狮子”的制作过程

故事分享

故事 《贪吃的小狮子》

狮子妈妈养了一只小狮子。

这是一只十分贪吃的小狮子，他什么东西都吃，而且连嚼也不嚼就一口吞下去。

一天，他看到一只蚂蚱在草地上蹦跳。

狮子上前，二话不说，就把蚂蚱囫囵吞了下去。

小蚂蚱在小狮子肚子里跳迪斯科，而且唱着自己编的歌，越跳越起劲。

小狮子受不了这样的折腾，就去找妈妈了。

妈妈说："谁叫你贪吃，谁叫你吃东西嚼也不嚼，要收拾这只蹦跳的蚂蚱，你得吞一只鸡下去。"

于是，贪嘴的小狮子不得不吞下一只公鸡。

公鸡到小狮子肚子里，"笃"的一下就收拾了小蚂蚱。小狮子可高兴了，它想把这个好消息告诉妈妈。

可是小狮子一张口就"喔喔喔——"地叫了起来，把妈妈吓了一大跳。这当然是肚子里的公鸡在叫。

于是，贪吃的小狮子不得不吞下一只狐狸。

狐狸到了狮子肚子里，"啊——唔"一口就吃掉了公鸡。

然后，狐狸就在小狮子肚子里蹭痒痒。狐狸一蹭，小狮子忍不住咯咯地笑一阵。

这样的笑是很难受的，小狮子笑得眼泪直淌。

于是，贪吃的小狮子不得不吞下一头小牛。

小牛到了狮子肚子里，啪的一下就用角挑死了狐狸。得意的小牛一晃脑袋，一对牛角戳破了小狮子的肚皮。小狮子的肚子两边，各伸出一只牛角。

这可把狮子爸爸和狮子妈妈吓坏了。

他们找来一把锯子，花了整整两天时间，才把戳在小狮子肚子外面的一对牛角锯掉。

最后还是聪明的狮子爸爸想出了好办法。

他把自己喝的一瓶白兰地酒，咕嘟、咕嘟全灌进小狮子的肚子里，小狮子醉了，他肚子里的小牛也醉了。

据说：小狮子睡了整整两个星期，才把肚子里的小牛消化掉。

据说：小狮子从此再也不贪嘴了。

据说：小狮子以后碰到贪嘴的伙伴，就把这个故事讲给他们听……

任务拓展

利用身边的废旧纸材料设计并制作一个玩教具，要求实用、有趣、安全。

成果展示

废旧纸材料玩教具的制作成果展示如图5-3所示。

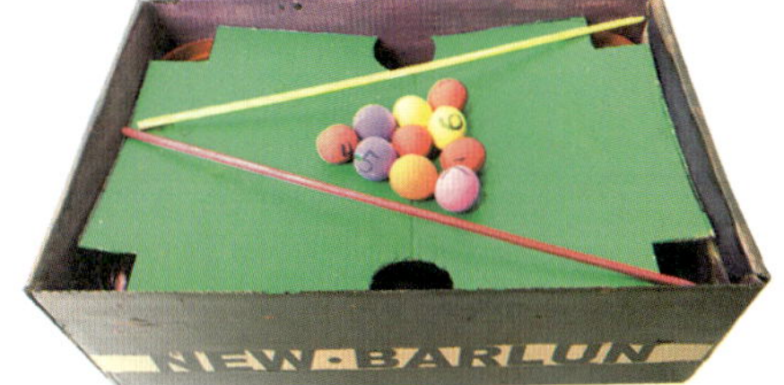

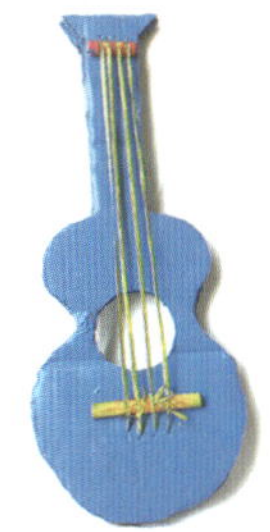

图5-3　成果展示

制作小螃蟹

大班手工课

◆ 活动目标

1．引导幼儿认真观察螃蟹，了解它们的外形特征。

2．根据螃蟹的特征，尝试利用身边的纸箱、纸盒和报纸等材料制作螃蟹，使幼儿养成勤俭节约的良好习惯。

3．通过制作形态各异的螃蟹，激发幼儿的想象力，提高幼儿的动手能力。

◆ 活动重点

学习制作螃蟹的方法。

◆ 活动难点

如何选用合适的材料做螃蟹。

◆ 活动准备

各种废旧纸盒、纸箱、报纸、色卡纸、剪刀、吸管、木棍、双面胶和胶水等。

◆ 活动过程

一、引导幼儿观察“蟹塘”，激起兴趣

1．请幼儿观察图片，说说螃蟹的外形特征（如头、身体、四肢和钳子等）。

2．欣赏范例，并组织幼儿讨论，可以用哪些材料制作螃蟹？

二、小组讨论，设计图案

幼儿分小组讨论，看看哪些材料适合制作螃蟹的身体和八只脚，并设计螃蟹的图案。

三、幼儿制作，教师指导

1．教师引导幼儿选用合适的材料进行有机结合，并鼓励幼儿大胆地制作。

2．教师提醒幼儿，螃蟹的身体和脚要连接牢固，并适当地演示连接方法。

3．教师强调活动要求，即用过的东西放回原处，同伴之间可以共同完成作品。

四、作品讲评

1．请幼儿把作品放在“蟹塘”中，相互欣赏，并相互介绍自己使用的材料。

2．请幼儿说说谁的螃蟹做得最好，用的材料最巧妙。

◆ 活动延伸

请幼儿邀请爸爸妈妈和自己一起使用家里的废旧纸盒制作一辆巴士车。

任务三

变变变——废旧塑料变成宝

在日常生活中，废旧塑料主要包括各种饮料瓶、矿泉水瓶、塑料吸管、塑料扣子和塑料袋等。人们通过剪切、折叠、涂画和粘贴等方式，可以将废旧塑料变废为宝。此外，人们还可以充分利用塑料的形状和特点进行艺术再加工，创作一些既美观又实用的作品。

废旧塑料大小不一、厚薄不同、形状各异，为废旧塑料玩教具的制作提供了较大的创作空间。

本任务主要介绍使用废旧塑料瓶制作玩教具“小鼹鼠开车”的方法。开始学习本任务之前请大家提前准备塑料瓶、瓶盖、塑料管、纸、剪刀、白乳胶和马克笔等材料，如图5-4所示。

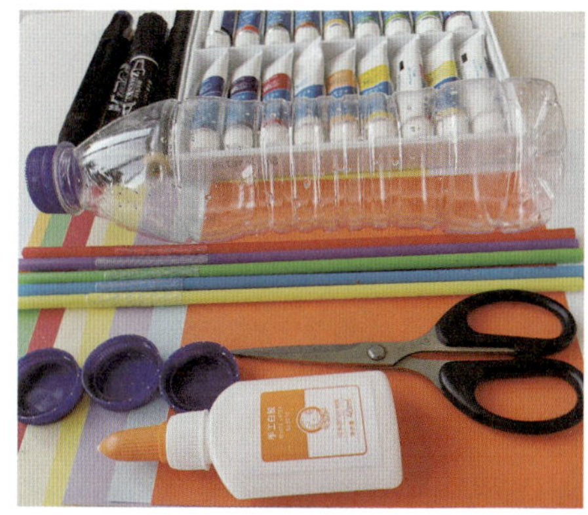

图5-4　材料准备

任务目标

- 掌握常见废旧塑料玩教具的制作方法。
- 能够利用废旧塑料开展自制玩教具活动。

制作玩教具“小鼹鼠开车”

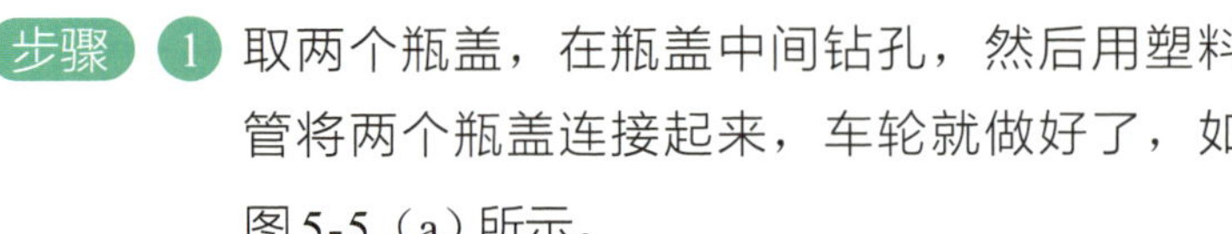
步骤 1 取两个瓶盖，在瓶盖中间钻孔，然后用塑料管将两个瓶盖连接起来，车轮就做好了，如图5-5（a）所示。

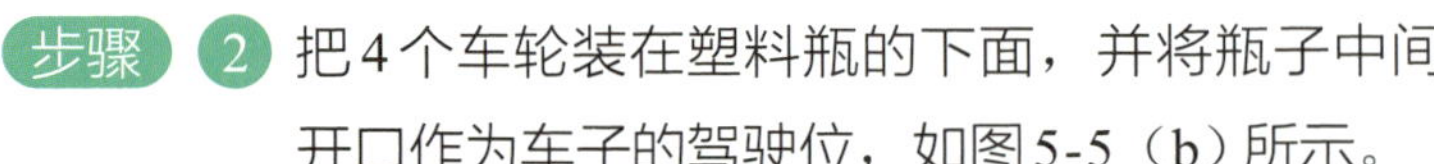
步骤 2 把4个车轮装在塑料瓶的下面，并将瓶子中间开口作为车子的驾驶位，如图5-5（b）所示。

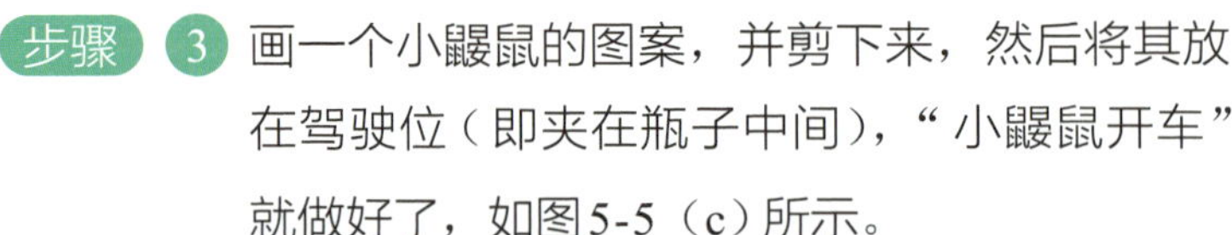
步骤 3 画一个小鼹鼠的图案，并剪下来，然后将其放在驾驶位（即夹在瓶子中间），“小鼹鼠开车”就做好了，如图5-5（c）所示。

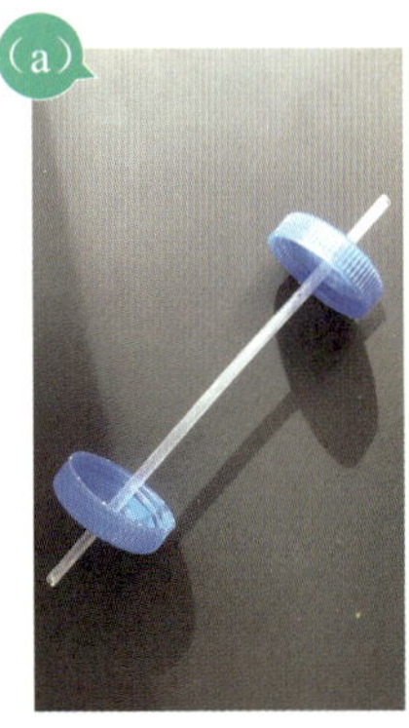
(a)

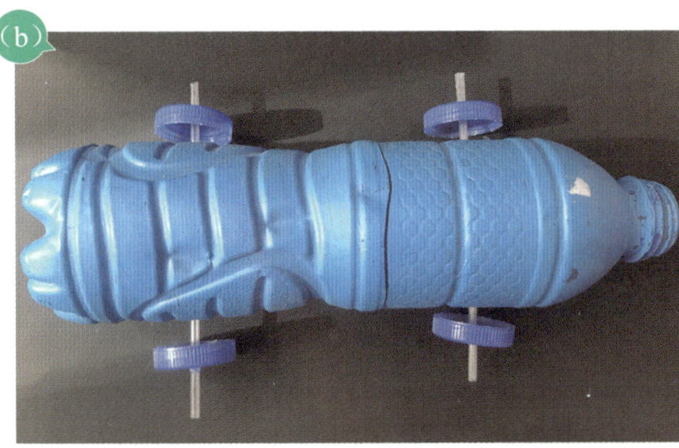
(b)

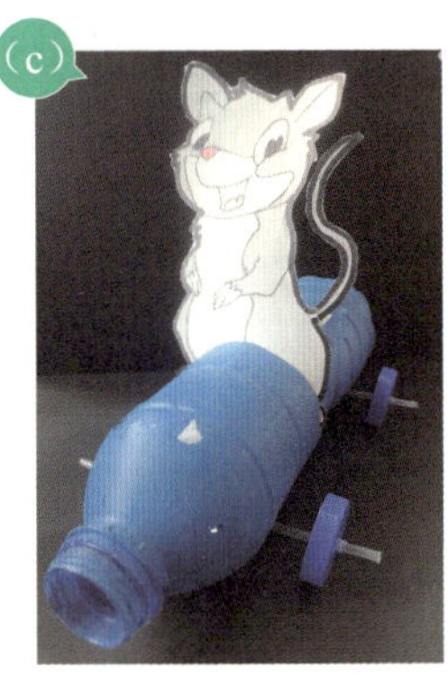
(c)

图5-5 “小鼹鼠开车”的制作过程

任务拓展

利用身边的废旧塑料设计并制作一个玩教具，要求实用、有趣、安全。

成果展示

废旧塑料玩教具的制作成果展示如图5-6所示。

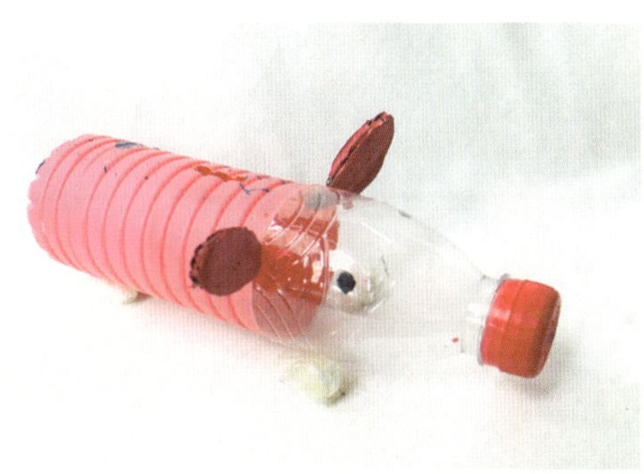

图5-6　成果展示

有趣的塑料瓶

大班手工课

◆ 活动目标

1．引导幼儿认识塑料瓶，并增强幼儿废物利用的意识。

2．利用塑料瓶设计手工制作活动，充分发挥幼儿的想象力和创造力，并激发幼儿的研究兴趣。

3．掌握使用塑料瓶和其他不同的材料制作玩教具的方法。

◆ 活动重点

学习用塑料瓶制作小汽车。

◆ 活动难点

如何根据材料设计出与众不同的小汽车。

◆ 活动准备

大量的塑料瓶、一封信、VCD光盘、彩色纸、卡纸、毛线、纸杯、瓶盖、记号笔、彩色笔、油画棒、剪刀、双面胶、胶水和胶带等。

◆ 活动过程

一、情景导入，激发幼儿兴趣

教师：“今天，老师收到了一个神秘的大箱子，想不想知道里面是什么？”（想。）

教师拆开箱子，幼儿们自己观察箱子里面的小汽车和塑料瓶。

教师展示各种小汽车，引导幼儿观察这些玩教具是用什么材料制作的，并让他们思考这些玩教具的制作方法。

二、认识塑料瓶

教师："小朋友们，你们知道这些是什么吗？"（塑料瓶和小汽车。）

教师："这些小汽车漂亮吗？"（漂亮。）

教师："这里还有一封信呢，让我们看看上面写的什么。原来是春姑娘给我们寄了这么多的塑料瓶，她想让我们使用塑料瓶制作小汽车，然后开车去找她玩耍呢。小朋友们想不想和春姑娘去踏青呢？"（想。）

三、制作小汽车

教师提供材料，并鼓励幼儿用辅助材料尝试自己设计并制作小汽车。

教师提示幼儿，可用各种塑料瓶当汽车的身体，用瓶盖、纸片等当汽车的轮子，车身和车轮可以用双面胶或胶水固定。

幼儿开始制作，教师提示幼儿在制作过程中要注意安全，不能打闹，认真制作。

教师巡视指导，当幼儿遇到困难时，教师及时引导他们解决。

四、开车踏青

放音乐（汽车开来了），然后幼儿驾驶着汽车来到室外，一起和春姑娘踏青。

◆ 活动延伸

请幼儿邀请爸爸妈妈和自己一起使用家里的废旧塑料制作一架飞机。

节能环保，变废为宝——幼儿教师自制"环保教具"倡导低碳生活

为了丰富幼儿园自制玩教具的种类和数量，激发幼儿对游戏的兴趣，促进幼儿全面发展，某幼儿园开展了以"节能环保、变废为宝"为主题的自制玩教具大比拼。

教师根据各班幼儿年龄特点，充分利用生活中的废纸壳、饮料瓶、彩纸等材料，本着"低碳环保、变废为宝、安全实用"的原则，经过巧妙构思制作出一个个精彩绝伦的玩教具，如图5-7所示。

图5-7　一次性水杯做成的垃圾桶

这些玩教具不仅具有趣味性、教育性、实用性、创新性和安全性等特点，而且都充分结合幼儿的年龄特点，不管在选材还是构思上都别具匠心，体现了幼儿教师们的聪明才智和勇于实践的精神面貌。

通过此次自制玩教具活动，充分调动了教师设计、制作玩教具的积极性和创造性。这些造型新颖、外形美观、功能多样、绿色环保的玩教具不仅能使孩子们的幼儿园生活更加丰富、多彩、有趣，而且能让垃圾分类、保护环境等意识深入童心。

• 项目六 • 发现自然材料玩教具

内容提要

自然界中存在大量的、天然的、丰富的、未经加工的物质资源，如形态各异的树叶、色彩鲜艳的果蔬和造型奇特的石头等，通过粘贴、编制、捆绑和绘画等方式可以将这些物质制作成不同的玩教具。制作过程中既能增加幼儿接触大自然的机会，又能有效地激发幼儿的自主探索能力，并增强幼儿的空间想象力和审美能力。

本项目将以任务的形式介绍自然之美、植物之美、蛋壳之美和石头之美。

学习目标

知识目标

- 了解自然之美。
- 掌握常见自然材料玩教具的制作方法。

能力目标

- 能够合理运用不同的自然材料制作玩教具。
- 能够将自然物的造型创作灵活应用于手工教学。

素质目标

- 树立保护环境、爱护环境的意识。
- 培养创新思维，提高创新能力。

任务一

看看看——自然之美

中国著名教育专家陈鹤琴先生曾提出“大自然、大社会都是活教材”的观念，大自然中资源丰富，如五谷杂粮、野花野果和飞鸟虫鱼等，它们都是天然的玩教具，是幼儿学习和游戏的良好资源。此外，使用自然材料制作玩教具可以调动幼儿们的好奇心，培养他们的注意力，使他们在玩乐嬉戏中，感受和体验大自然的千变万化。

根据性质不同，可将自然材料分为植物类材料，如树叶、果蔬、树枝等（见图6-1）；壳类材料，如鸡蛋壳、贝壳等（见图6-2）；矿物类材料，如鹅卵石、沙子等（见图6-3）。

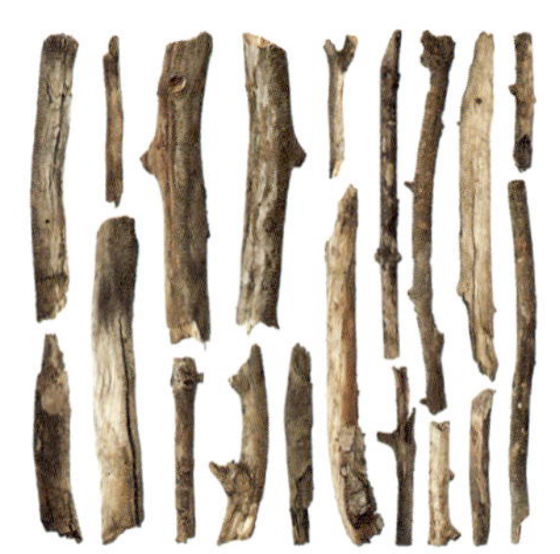

图6-1　植物类材料

图6-2　壳类材料

图6-3 矿物类材料

根据用途不同，可将自然材料分为以下4类。

（1）计算游戏类材料，即利用木棒、草茎、豆粒、贝壳等设计计算游戏，帮助年龄小的幼儿学习数数、比大小、大小排序和分类等知识，帮助年龄大的幼儿学习数的组成和加减法等。

（2）美工活动类材料，即利用材料外形的多样性，进行想象创作练习，如粘贴画等，还可以通过一些辅助材料，与幼儿一起想象、设计、制作出多种多样的工艺品和玩教具。

（3）体育活动类器具，即用柳条、稻草编制飞环，用豆子做成沙袋，用树枝做成弹弓和弓箭等，供孩子进行各种体育活动。

（4）游戏活动类替代物，即使用一些植物、石头和贝壳等替代“娃娃家”游戏中的饭、菜等，用树叶替代盘子、碗等。

利用自然材料制作玩教具需要注意以下几点。

第一，要突出地域性。材料的选择要因地制宜，搜集起来比较容易，如南方的竹子、北方的玉米秆和沿海的贝壳、卵石等，用它们制作玩教具，均能体现出当地的特色。

第二，要反映季节性。根据季节变化选择材料，如夏季的草、秋季的树叶和冬季的干稻草等，都可以制作玩教具，同时还反映了季节的变化。

第三，要发挥玩教具一物多玩的功能。该功能不仅提高了玩教具的趣味性，同时还向幼儿传输了循环利用的理念。

由此可见，使用自然材料制作玩教具既能凸显本土的地域特色，又能使幼儿亲近自然，给予幼儿有灵性的生活，引领幼儿健康成长，同时还具有节能环保的价值。

任务二

寻寻寻——植物之美

植物类材料有很多，如树叶、果蔬和树枝等，都是制作幼儿园玩教具的常用材料。

树叶是幼儿最容易获得的天然玩具，尤其是到了秋天，树叶更是随处可得。它颜色丰富、形态各异，通过粘贴的方式，可将其制作成生动形象的画和各式各样的面具。此外，树叶还可以用于替代游戏中的果盘、扇子等。

果蔬的色彩绚丽、造型多样，能激发幼儿产生丰富的联想，而且它绿色环保，适合作为制作幼儿园玩教具的材料。果蔬塑型的基本方法有两种，即切割和插接。切割是指根据果蔬的形状，启发幼儿联想某种动物，用切割的方式，完成果蔬小动物的造型，如将黄瓜稍做切割便可做成鳄鱼的造型；插接是指将不同的形体用牙签穿插连接，以丰富造型。

树枝的线条清晰、质地坚韧挺拔，可通过捆扎、粘贴和加热等方法将其做成多种造型的玩教具。制作过程中不仅可以激发幼儿的想象力，还可以锻炼幼儿的动手能力。

本任务主要介绍使用树叶制作“大公鸡”和“幸福的一家子”，使用果蔬制作“印章”，以及使用树枝制作“环保小家具”的方法。开始学习本任务之前请大家提前准备树叶、新鲜果蔬、树枝、剪刀、胶枪、手工刀、麻绳和锯等材料，如图6-4所示。

图6-4　材料准备

任务目标

掌握常见植物类材料玩教具的制作方法。

能够利用植物类材料开展自制玩教具活动。

一、制作树叶画

（一）制作“大公鸡”

步骤 1 将两片梧桐树叶重叠在一起，用于表示公鸡尾巴上的羽毛，如图6-5（a）所示。

步骤 2 选取两片椭圆形的叶子用于表示公鸡的身体和脖子，如图6-5（b）所示。

步骤 3 将3片叶子适当地裁剪，用于表示公鸡的鸡冠、眼睛和腿，一个鲜活的“大公鸡”就做好了，如图6-5（c）所示。

(a)

(b)

(c)

图6-5 “大公鸡”的制作过程

（二）制作“幸福的一家子”

步骤 1 选取6片椭圆形树叶用于表示小鸟的身体，再选一些带枝的小叶子用于表示小鸟的鸟巢，如图6-6（a）所示。

步骤 2 分别对叶子进行修饰，如图6-6（b）所示。

步骤 3 以白色色卡纸作为底板，用双面胶把树叶固定在底板上，并制作小鸟的眼睛，如图6-6（c）所示。

步骤 4 将小鸟的眼睛贴上，如图6-6（d）所示。

步骤 5 用笔画上小鸟的嘴巴和爪子，并制作太阳，“幸福的一家子”就做好了，如图6-6（e）所示。

制作“幸福的一家子”

图6-6 “幸福的一家子”的制作过程

二、制作“印章”

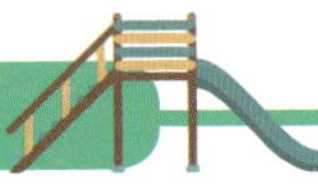

步骤 1 选取质地较硬的蔬菜水果，如土豆、胡萝卜、苹果等，洗净切开，注意截面要平整。

步骤 2 在切开的平面上，绘制图案，并用刀削去图案外的部分或挖去图案内的部分，“印章”就制作完成了。但是，有些蔬菜本身有着丰富的纹理图案，如藕、辣椒等，它们的截面可直接作为“印章”的图案，如图6-7（a）所示。

步骤 3 在“印章”图案上涂颜色，然后在纸上压印，便可印出各种装饰图案，如图6-7（b）所示。

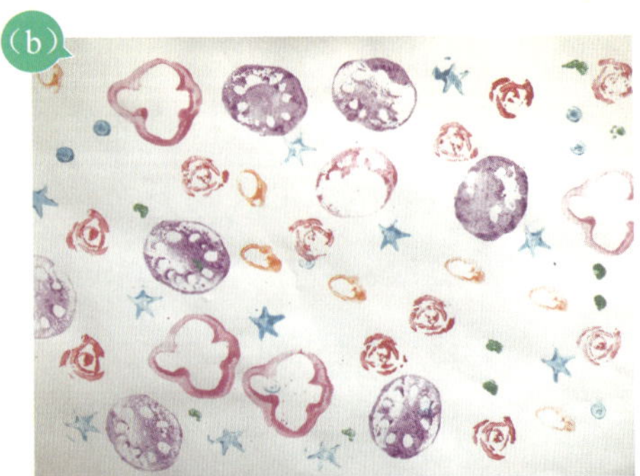

图6-7 “印章”的制作过程

三、制作“环保小家具”

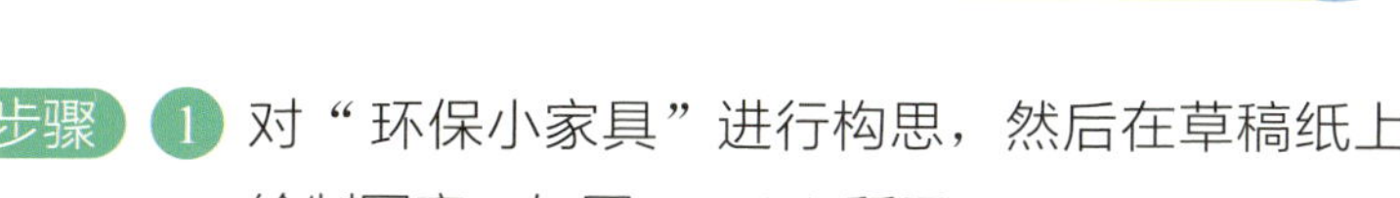

步骤 1 对“环保小家具”进行构思，然后在草稿纸上绘制图案，如图6-8（a）所示。

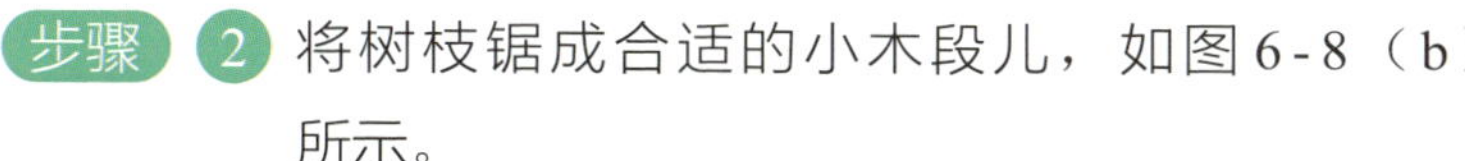

步骤 2 将树枝锯成合适的小木段儿，如图6-8（b）所示。

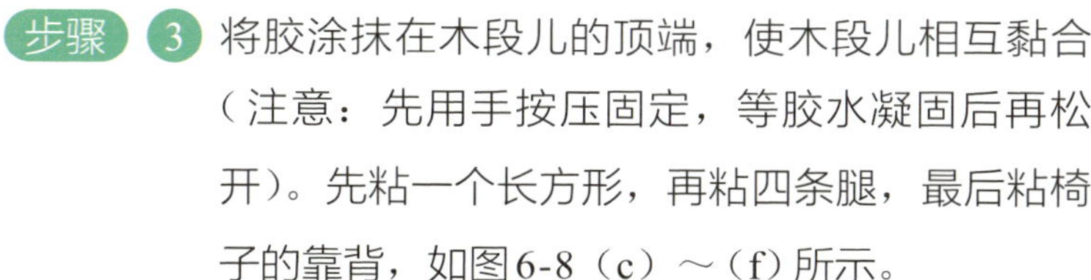

步骤 3 将胶涂抹在木段儿的顶端，使木段儿相互黏合（注意：先用手按压固定，等胶水凝固后再松开）。先粘一个长方形，再粘四条腿，最后粘椅子的靠背，如图6-8（c）～（f）所示。

步骤 4 用麻绳固定和装饰椅子，一把特别的椅子就做好了，如图6-8（g）所示。

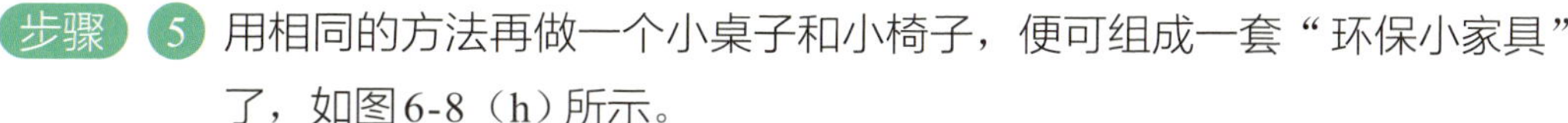

步骤 5 用相同的方法再做一个小桌子和小椅子，便可组成一套“环保小家具”了，如图6-8（h）所示。

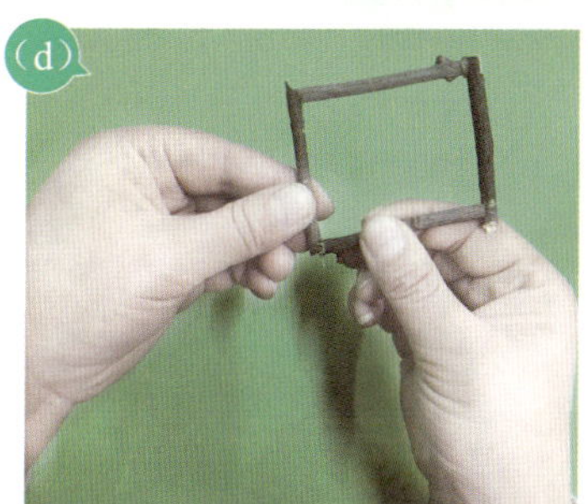

图6-8 “环保小家具”的制作过程

任务拓展

- 收集树叶并制作两幅树叶贴画。
- 利用果蔬材料制作一个玩教具。
- 利用自然材料设计一个幼儿园教育活动。

成果展示

植物类玩教具的制作成果展示如图6-9所示。

图6-9　成果展示

教案分享

树叶创作画

中班美术活动

◆ 设计意图

在"秋天"的系列活动中，幼儿观察树时对树叶形状的关注，引起了我的注意，我便立即捕捉到了幼儿稍纵即逝的兴趣点，并读懂了幼儿的探索行为，发现他们对树叶特别感兴趣。于是，我设计了本次树叶创作画活动，引导幼儿在收集树叶的基础上说说各种不同形状的树叶像什么，然后和他们一起去拼一拼、贴一贴，让幼儿充分发挥自己的想象力和创造力，完成有趣的树叶贴画作品，使幼儿在活动中体验快乐。

◆ 活动目标

1. 引导幼儿观察树叶并叙述树叶的颜色、形状和大小等特征。
2. 掌握树叶贴画的基本方法。
3. 激发幼儿的想象力，培养幼儿的动手能力和团结协作能力。

◆ 活动准备

1．发动幼儿家长与幼儿积极参加秋游、爬山和散步等活动，并采集和捡拾各种大小不一、形状和颜色各异的树叶若干。

2．教师把收集到的树叶进行压平、晾干处理，然后将其分成四类树叶材料，即制作小鸟的树叶、制作刺猬的树叶、制作公鸡的树叶和制作孔雀开屏的树叶。

3．秋天树叶飘落图一张、树叶贴画成品图两张、白纸、彩色卡纸、剪刀和双面胶等。

◆ 活动过程

一、引入主题

教师："小朋友们，大家知道现在是什么季节吗？"（秋季。）

教师出示秋天树叶飘落图，让幼儿观察落叶的情景，感受秋天独特的风景。

教师："叶子宝宝纷纷离开了妈妈，随着秋风飘落下来。一群群小朋友把这些可爱的树叶捡起来带回了家。你们知道把叶子宝宝带回家能做什么吗？"

教师鼓励幼儿积极发言。

二、欣赏树叶贴画作品

教师："老师和小朋友们一样，非常喜欢秋天的叶子宝宝，所以就把它们收集起来了。而且，老师根据叶子的形状和颜色，将它们进行一些修剪之后，摆一摆、拼一拼、贴一贴，便制作出了一副美丽有趣的图画。你们想看吗？"

教师出示树叶贴画作品，即小鸟贴画和刺猬贴画。

教师："我们来看看，叶子变成了什么？"（小鸟和小刺猬。）

教师："用树叶贴出来的画称为树叶贴画，你们想不想也制作一幅树叶贴画呢？"

三、认识常见的树叶

1．出示枫树叶，请幼儿观察它的特征。

教师："小朋友们，这是什么叶子？"（枫树叶。）

教师："枫树叶是什么样的？谁可以来说说？"

教师引导幼儿说出枫树叶的特点，即枫树叶有红的、有黄的，像大公鸡的鸡冠、鸡嘴或鸡爪，特别可爱。

2．出示柳叶，请幼儿观察它的特征。

教师："小朋友们，这是什么叶子？"（柳叶。）

教师："柳叶是什么样的呢？"

教师引导幼儿说出柳叶的特点，即柳叶有绿色的、黄色的，细细的、薄薄的，特别好看。

3．介绍大叶榕树叶、小叶榕树叶和法国梧桐树叶的外形特征。

4．小结（教师）："这些叶子宝宝都是小朋友和爸爸妈妈收集到的，经过处理后，我们可以将它们贴成一幅幅有趣的画。小朋友们能做到吗？"

四、分组制作树叶贴画

1．教师演示大公鸡的制作过程。

（1）用黄色大叶榕树叶做大公鸡的身子。

（2）用法国梧桐树叶做大公鸡漂亮的尾巴。

（3）用叶梗做大公鸡的腿。

（4）用红色枫树叶做大公鸡的脚和鸡冠。

（5）用小叶榕树叶做大公鸡的头部。

（6）剪部分彩色卡纸做眼睛，一幅生动的树叶贴画就制作完成了。

2．将幼儿分成4个小组，6个小朋友为一组，每组小朋友根据老师给的树叶材料共同完成4种不同的贴画作品，即小鸟贴画、小刺猬贴画、大公鸡贴画和孔雀开屏贴画。

3．老师巡视指导。

五、总结

教师："今天，小朋友们通过团结协作，共同完成了树叶贴画作品，你们觉得漂亮吗？其实，美就在我们的身边。生活中有许许多多像树叶一样的自然材料，如瓜子、蛋壳等，只要我们能像今天这样多观察、多动脑、多动手，将它们剪一剪、拼一拼、贴一贴，就一定能做出美妙有趣的东西。"

任务三

掰掰掰——蛋壳之美

蛋壳的外形圆润、手感光滑、质地坚硬、防水防潮，且其内部有一定空间。它不仅可以用于制作容器，如小碗、小盘子等，还可以用于制作其他幼儿园玩教具，如不倒翁、小船、陀螺等，深受幼儿喜爱。制作蛋壳类玩教具不仅可以激发幼儿的想象力，还可以锻炼幼儿的动手能力。

本任务主要介绍使用蛋壳制作“不倒翁”“小船”和“陀螺”的方法。开始学习本任务之前请大家提前准备空蛋壳、沙子、色卡纸、水彩颜料、画笔、剪刀、白乳胶和双面胶等材料，如图6-10所示。

图6-10　材料准备

任务目标

- 掌握利用蛋壳制作玩教具的方法。
- 能够利用蛋壳类材料开展自制玩教具活动。

一、制作蛋壳“不倒翁”

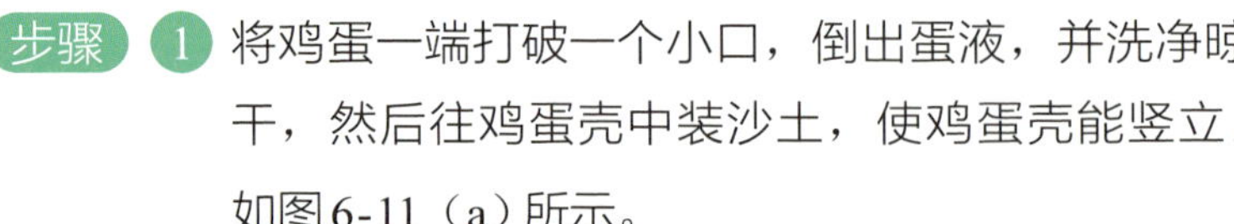
步骤 1 将鸡蛋一端打破一个小口，倒出蛋液，并洗净晾干，然后往鸡蛋壳中装沙土，使鸡蛋壳能竖立，如图6-11（a）所示。

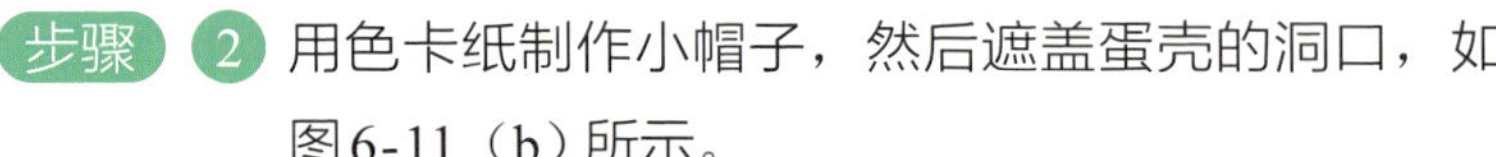
步骤 2 用色卡纸制作小帽子，然后遮盖蛋壳的洞口，如图6-11（b）所示。

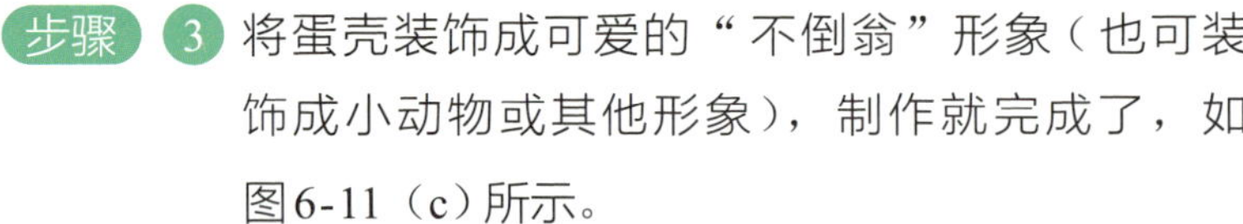
步骤 3 将蛋壳装饰成可爱的“不倒翁”形象（也可装饰成小动物或其他形象），制作就完成了，如图6-11（c）所示。

制作蛋壳“不倒翁”

（a）

（b）
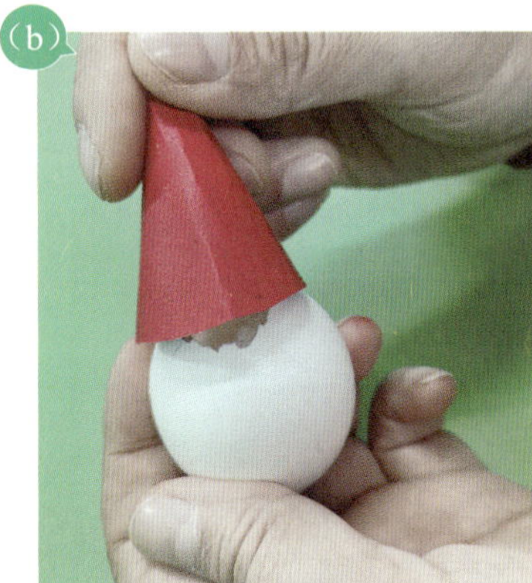
（c）

图6-11 “不倒翁”的制作过程

二、制作蛋壳“小船”

步骤 1 取一个鸡蛋壳，如图6-12（a）所示。

步骤 2 把鸡蛋壳剪成半椭球体，并剪一个长三角形纸片，如图6-12（b）所示。

步骤 3 把纸片窄的一端粘在蛋壳内侧的底部，如图6-12（c）所示。

步骤 4 在纸片周围的蛋壳内填一些沙土，使纸片竖立起来，如图6-12（d）所示。

步骤 5 在蛋壳尾部涂点肥皂，蛋壳“小船”就可以在水中畅游了，如图6-12（e），（f）所示。

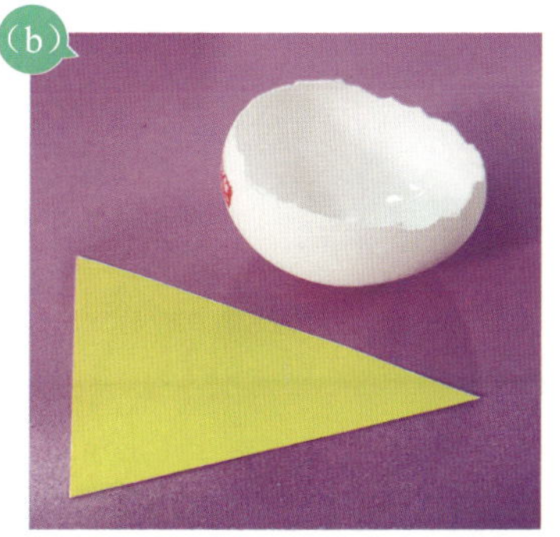

图6-12 “小船”的制作过程

三、制作蛋壳“陀螺”

步骤 1 取一个空蛋壳，洗净晾干，并修剪成半球体，如图6-13（a）所示。

步骤 2 取一块橡皮泥和一根细木棒，如图6-13（b）所示。

步骤 3 把橡皮泥填充在蛋壳的底部，使橡皮泥紧贴蛋壳，如图6-13（c）所示。

步骤 4 装饰橡皮泥表面，如图6-13（d）所示。

步骤 5 在橡皮泥中间插入细木棒，并采用压紧木棒周围橡皮泥的方式对其进行固定，捻动木棒，“陀螺”便可以转起来了，如图6-13（e）所示。

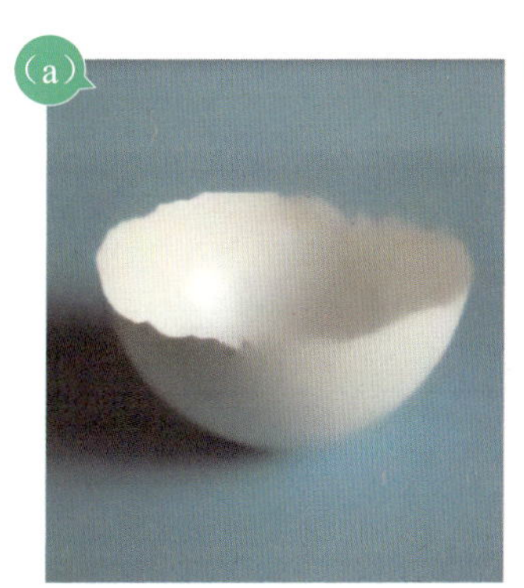
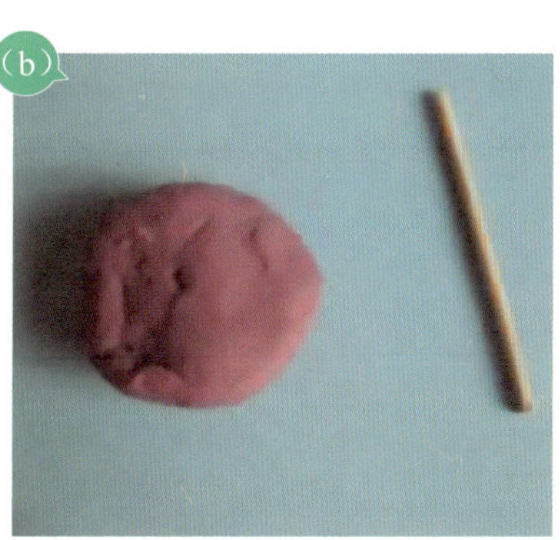
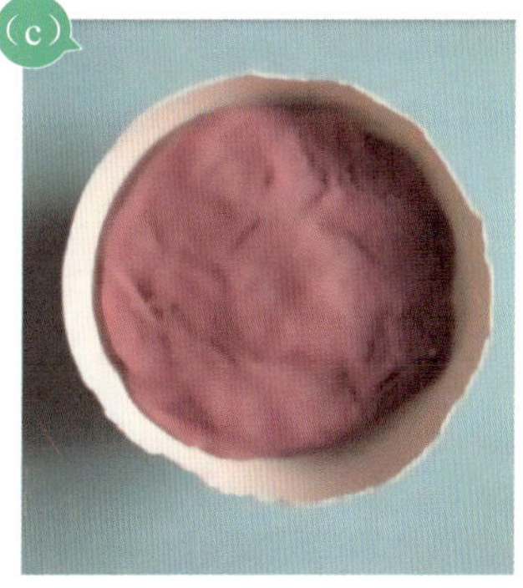

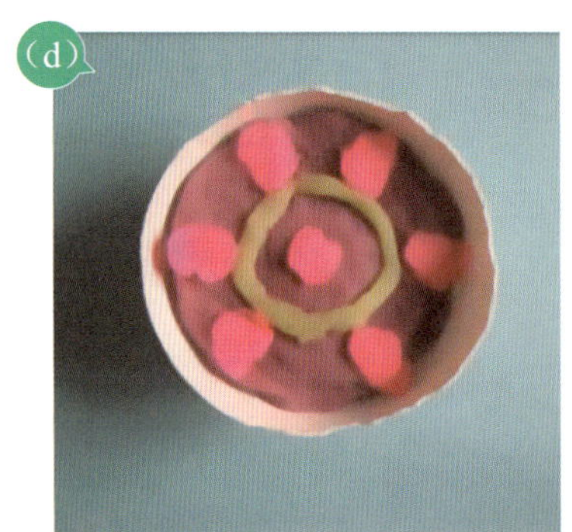

图6-13 “陀螺”的制作过程

任务拓展

- 利用蛋壳设计一个作品。
- 设计自制蛋壳类玩教具的幼儿教育活动。

成果展示

蛋壳类玩教具的制作成果展示如图6-14所示。

图6-14　成果展示

教案分享

蛋壳粘贴画

小班手工课

◆ 活动目标

1. 尝试用废弃的蛋壳制作一幅画，并用排刷均匀涂色。
2. 感受蛋壳粘贴画特殊的花纹。
3. 锻炼幼儿肌肉的灵活性。

◆ 活动准备

蛋壳、水粉颜料、双面胶、抹布和画好的各种图案等。

◆ 活动过程

一、出示盒子，激发幼儿兴趣

教师："老师今天带来了一个盒子，大家猜猜里面是什么？"

教师打开盒子。

教师："哇！原来是蛋壳。"

教师："蛋壳能做什么呢？"

小结（教师）："蛋壳可以用来做装饰画呢，大家一起欣赏一下吧。"

二、出示范例，师幼一起欣赏

教师："小朋友们看看这幅画是用什么材料做出来的？"

教师鼓励小朋友们上前看一看、摸一摸，激发小朋友们的探索欲望。

教师："我们一起来试试粘贴一幅蛋壳画吧！"

三、引导幼儿了解蛋壳画的制作方法

导语（教师）："蛋壳画，真神奇，让我们也来试一试。"

1．示范蛋壳画的制作方法，讲解要求，并配儿歌。

制作方法：先选取一幅画，撕去上面的双面胶，然后取一块蛋壳，将蛋壳的内侧贴在双面胶上，并用手压一压，接着将蛋壳贴满整幅画。最后将画面上没有贴住的散落蛋壳抖一抖放进箩筐里。

2．请一位幼儿示范，教师配儿歌。

3．教师："蛋壳画做好了，我们一起来玩'变变变'的游戏吧。"

让小朋友们用排刷沾上自己喜欢的颜色为蛋壳画上色，白色的蛋壳就变了颜色。不同的色彩冲击有助于激发幼儿参与活动的积极性。

4．教师："后面还有许多的画需要你们做成蛋壳画，不过，蛋壳画的制作要求不要忘了噢。"

四、幼儿操作，教师巡回指导

在幼儿制作蛋壳画的过程中，教师提醒幼儿蛋壳要粘贴在画的轮廓线内，蛋壳不能叠在一起，而且刷颜料要少量多次均匀地刷。

五、蛋壳画展示

教师鼓励幼儿大胆展示自己制作的蛋壳画。

◆ 活动延伸

教师："我们今天用废旧的蛋壳装饰了一幅幅漂亮的画，生活中还有很多废旧的材料可以用于装饰，如开心果壳、瓜子壳等，希望小朋友们可以自己去收集，然后尝试使用收集的壳类材料制作粘贴画。"

任务四

画画画——石头之美

石头是大自然的天然产物，也是幼儿的天然玩具。幼儿可以利用石头数数、投掷和下棋等。而且，在幼儿园教育中，教师可以利用石头的曲线、形状和颜色等特征，引导幼儿制作玩教具，提升幼儿的思考能力和动手能力。

本任务主要介绍制作石头画“小花”和“开心的鲸鱼”的方法。开始学习本任务之前请大家提前准备石头、丙烯颜料、画笔、勾线笔、自动铅笔和杯子等材料，如图6-15所示。

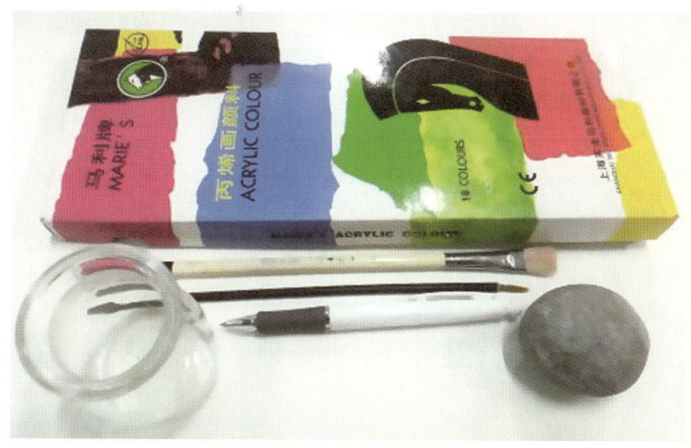

图6-15　材料准备

任务目标

- 掌握制作石头画的方法。
- 利用石头画开展教育活动。

一、绘制石头画“小花”

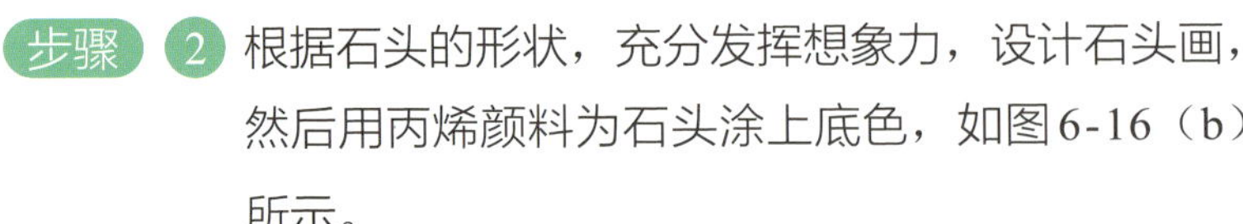

步骤 1 将石头洗干净，如图6-16（a）所示。

步骤 2 根据石头的形状，充分发挥想象力，设计石头画，然后用丙烯颜料为石头涂上底色，如图6-16（b）所示。

步骤 3 用铅笔在石头上绘制设计的图案，并用丙烯颜料绘制小花，如图6-16（c）所示。

步骤 4 用画笔绘制小花的枝干，漂亮的石头画“小花”就制作好了，如图6-16（d）所示。

(a)

(b)

(c)

(d)

图6-16 石头画“小花”的制作过程

二、绘制石头画“开心的鲸鱼”

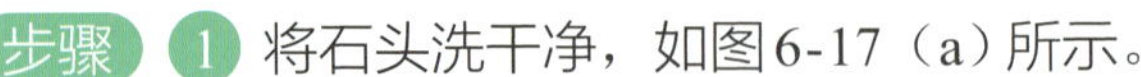

步骤 1 将石头洗干净，如图6-17（a）所示。

步骤 2 根据石头的形状，充分发挥想象力，设计石头画，然后用铅笔绘制图案，并用丙烯颜料为图案上色，如图6-17（b）所示。

步骤 3 用铅笔为鲸鱼的嘴巴和眼睛起形，并用画笔进行绘制，两条“开心的鲸鱼”就制作完成了，如图6-17（c）所示。

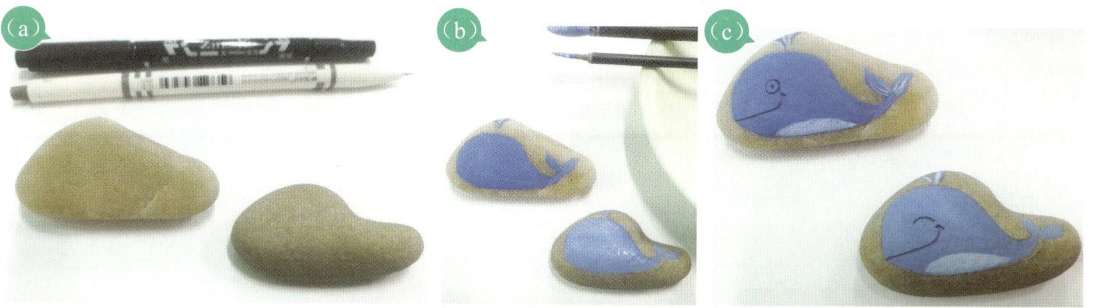

图6-17　石头画“开心的鲸鱼”的制作过程

任务拓展

请以“三只小猪”为主题设置并制作一幅石头画。

成果展示

石头类玩教具的制作成果展示如图6-18所示。

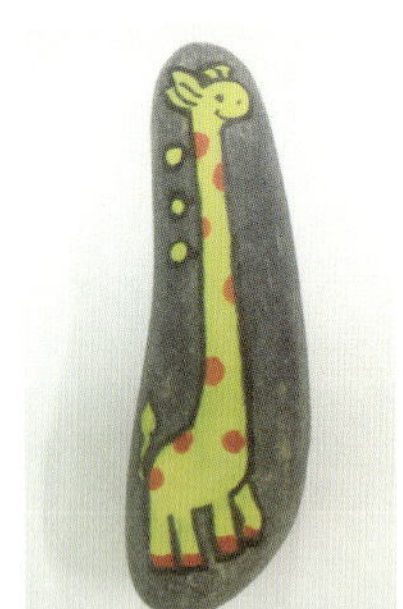

图6-18　成果展示

奇妙的石头

大班美工课

◆ 设计意图

教育活动内容的选择既要贴近幼儿的生活，又要有助于增加幼儿的经验和拓展幼儿的视野。本次活动以石头为绘画材料，将自然资源引入幼儿园课程中，体现了课程的生活化。通过绘制石头画，使幼儿们更加了解自然，并从自然中发现美、创造美。

幼儿园大班是小朋友们创造思维形成的黄金时期，制作幼儿们感兴趣的石头画，可以增强幼儿们的创造思维、创造意识、创造精神及创造能力。

◆ 活动目标

1．尝试在石头上设计自己喜欢的图案，并大胆用色。

2．体验在石头上作画带来的乐趣。

3．培养幼儿发现美、探索美的能力。

◆ 活动准备

石林图片、石头房图片、石头作品、涂好底色的鹅卵石、水彩笔和湿纸巾等。

◆ 活动过程

一、猜谜游戏，引起幼儿兴趣

教师："今天，老师准备了一个好玩的游戏，它的名字叫"猜一猜"，你们想不想玩呀？"

教师："请小朋友猜一猜这是什么东西发出的声音？"（教师轻轻敲一敲石头。）

教师："原来，刚才的声音是石头发出来的。"

二、图片导入，初步了解石头的作用

教师请小朋友们欣赏有关石头的图片。

教师："许多大的石头聚在一起，就形成了石林风景名胜，吸引大量的游客来观赏。此外，小一点的石头可以盖牢固又漂亮的石头房，也可以铺成小

路。请问小朋友们，鹅卵石可以做什么呢？”

三、石头变魔法

教师：“今天石头宝宝要变魔法了，你们想不想看？”

教师：“小朋友们见过花吗？在哪里见过呢？你们见过的花都是什么样子的呢？”

教师出示不同花的图片。

教师：“那你们看看这是什么呀？它是用什么制作的？”

教师：“原来这就是石头宝宝变的魔术呀，你们喜欢吗？今天我们就一起来变一变吧！”

教师示范石头画的制作方法。

首先，拿起一块石头，想一想自己要把它变成什么样子的花。然后，用黑色的笔绘制花的图案，并尝试运用不同的线条装饰花瓣。最后，用彩色的笔涂上漂亮的颜色。

教师：“你们看，老师的花变好啦，好看吗？”

教师：“你们想不想自己试一试呢？”

四、引导幼儿看一看、想一想、说一说

教师：“每个小朋友面前都有一块石头，请大家看一看、想一想它的形状像什么，可以变成什么花？”

教师：“请小朋友们和同伴说说你的石头可以变成什么花？怎么变？”

五、教师宣布活动要求

1．用黑色笔在石头上先画出花瓣的图案和线条，然后用彩色笔涂色。

2．保持石头画面干净。

3．小手脏了用湿纸巾擦一擦。

六、幼儿制作，教师巡回指导

幼儿开始制作石头画，教师进行辅导，引导个别幼儿进行石头画创作，并鼓励他们大胆想象，体验独立创作的快乐。

教师提示幼儿注意色彩搭配的协调性和画面的整洁度。

七、石头画展览

展示幼儿创作的作品，并让小画家和大家说一说，他画的是什么，制作方法是什么，引导幼儿互相欣赏。

领略自然中的文化之美——浓浓粽叶香，悠悠端午情

端午节，又称端阳节、龙舟节，是中华民族的传统节日。端午节到来之际，为了让幼儿了解端午节独特的习俗，引起幼儿对中国传统文化初步的兴趣，更好地继承和弘扬中华优秀传统美德，墩头镇某幼儿园大班开展了“浓情端午，粽情粽意”系列活动。

活动开始后，老师首先给每个幼儿发放了两片粽叶，让幼儿通过看一看、摸一摸、闻一闻等形式了解粽叶的基本特征；然后又播放了一系列的短片，让幼儿对粽叶的生长环境、粽叶的用途，以及端午节的风俗有了初步的了解；最后，老师演示了制作粽子的步骤：折粽叶、填糯米、裹粽叶、扎绳子等，幼儿们一个个聚精会神地学习着。随后，幼儿在老师的指导下动起手来，自己也包起了粽子。在幼儿制作粽子的过程中，老师不停地巡视和指导。

通过此次活动的开展，既提高了幼儿的动手能力，又加深了幼儿对中国传统节日的了解，还激发了幼儿对传统文化的热爱，从而增强了幼儿的民族自豪感，厚植了幼儿的爱国主义情感。

幼儿园环境

创设篇

·项目七· 幼儿园环境创设指南

内容提要

陈鹤琴先生曾说过："小孩子生来无知识，没有什么能力；后来与环境、社会相接触，开始渐渐地稍有知识，稍有能力。倘使他们不与环境、社会相接触，他们哪会知道植物的生存、动物的生活，哪里能晓得民生的艰难，哪里学得做人的道理。"可见，环境对于幼儿的成长具有至关重要的影响。因此，幼儿园环境创设是幼儿园教育中必不可少的一项。

本项目将以任务的形式介绍幼儿园环境创设的基本内容、幼儿园环境创设中存在的问题和幼儿园环境创设的原则。

学习目标

知识目标

- 了解幼儿园环境创设的概念、价值和分类。
- 了解幼儿园环境创设中存在的问题。
- 掌握幼儿园环境创设的原则。

能力目标

- 能够运用所学知识分析某幼儿园的环境创设是否合理。
- 能够创设出既新颖，又满足幼儿需求和兴趣的环境。

素质目标

- 培养审美意识，提高审美能力。

任务一

了解幼儿园环境创设

《幼儿园教育指导纲要（试行）》明确指出：“环境是重要的教育资源，应通过环境的创设和利用，有效地促进幼儿的发展。”而且，幼儿是在周围环境的相互作用中逐渐成长的，环境对幼儿的身心发展具有潜移默化的作用，所以环境被认为是幼儿的“第三位老师”，它在幼儿的成长过程中发挥着不可替代的作用。幼儿园作为幼儿生活和成长的重要空间，应该创设良好的环境，以促进幼儿身心和谐健康地发展。

本任务主要介绍幼儿园环境创设的概念和价值，以及幼儿园环境的分类，帮助大家更好地掌握幼儿园环境创设的相关知识。

任务目标

- 了解幼儿园环境创设的概念和价值。
- 熟悉幼儿园环境的分类。

一、了解幼儿园环境创设的概念

“环境”一词，自古有之。《辞海》对“环境”的解释有两种，一是周围的境况，如自然环境、社会环境，这种解释是广义的包含人类在内的环境概念；二是环绕所辖的区域，这种解释是狭义的仅以人类为中心的环境概念。

时至今日，“环境”一词的含义越来越多元化。人类生存的空间及其中可以直接或间接影响人类生活和发展的各种自然因素都称为环境。

在教育领域中，环境多指影响个体生存发展的各种因素。《教育大辞典》关于“环境”的解释有两种，一是直接或间接影响个体的形成和发展的全部外在因素，包括先天环境（胎内环境）和后天环境（自然环境、社会环境）；二是以人的主体为中心，围绕自我的事物，包括外部环境和内部环境，其中，外部环境包括先天环境和后天环境，内部环境包括生理环境和心理环境。

相对于一般意义上的环境而言，幼儿园环境则是一种更为具体、更为特殊的环境。幼儿园环境的概念也有广义和狭义之分。广义上的幼儿园环境，是指开展幼儿园教育所需要的一切条件的总和。狭义上的幼儿园环境，是指幼儿园中影响幼儿身心发展的所有物质因素和精神因素的总和。

幼儿园环境创设主要是指教育工作者根据幼儿园教育的要求和幼儿的身心发展规律及需要，充分挖掘和利用幼儿生活环境中的教育因素，创设对幼儿起积极作用的活动场景，把环境因素转化为教育因素，以促进幼儿身心健康发展。

二、分析幼儿园环境创设的价值

古今中外，许许多多的教育家都非常重视环境对人们发展的重要影响。例如，中国古代的墨子在其著作《墨子•所染》中说："染于苍则苍，染于黄则黄。所入者变，其色亦变；五入必而已则为五色矣。故染不可不慎也！"而且，人们也常说，社会就是一个大染缸，刚出生的孩子纯洁得像一张白纸，但是随着内部环境和外部环境的影响，长大后就会变成形形色色的人。

我国历史上著名的故事"孟母三迁"和俗语"近朱者赤，近墨者黑"等，都说明了周围环境对个人成长的影响。此外，英国教育家约翰·洛克认为环境对幼儿的成长和发展有重要的影响。而且，著名儿童心理学家让·皮亚杰也指出环境是影响幼儿发展的重要因素之一。

由此可见，环境对个体后天发展的影响贯穿其成长的全过程，而且其影响程度在不同的年龄阶段有所不同，即年龄越小的人，受环境的影响越大。因此，幼儿园环境创设对幼儿身心发展具有较大的价值。

（一）促进幼儿认知水平的发展

幼儿园环境的各个方面，如活动材料投放的质量和数量、空间密度、分割方式及活动氛围等，都会对幼儿认知水平的发展产生影响。作为幼儿教师，大家应该精心设计幼儿园环境，使其能对幼儿身心发展有积极的影响，从而有目的地培养幼儿良好的行为习惯，促进幼儿认知水平的发展。

幼儿园环境创设通常利用常见的材料，以直观的方式对幼儿园环境进行装饰。例如，教师根据教学目标创设“丰收的秋天”主题活动，小朋友们一起收集秋游活动的照片、寻找秋天的果蔬和制作自己的作品，然后装饰幼儿园中的墙面，如图7-1所示。幼儿们不仅参与了幼儿园环境创设活动，还在创设过程中提高了自己的认知水平。

图7-1 “丰收的秋天”主题活动

（二）促进幼儿社会性的发展

幼儿园是幼儿成长的重要场所，其环境对幼儿社会性的发展有着重要影响。而且，幼儿园环境是重要的教育资源，创设良好的、适宜的、具有价值的幼儿园环境是幼儿身心健康发展的需要，也是使幼儿从“自然人”成长为“社会人”的过程所需。幼儿园应该积极创设环境，利用各种教育形式帮助幼儿学习社会知识、社会技能和社会行为规范等，促进幼儿社会性的发展，使幼儿积极融入社会生活中，成为一个“社会人”。

良好的幼儿园环境能够激发幼儿与教师、幼儿与幼儿之间的交流，促进幼儿与他人的交流互动，帮助幼儿逐渐摆脱以自我为中心的意识，使幼儿学会感受他人的想法，从而有效地促进幼儿社会性的发展。

以往，幼儿园环境一般都是由教师直接为幼儿提供，幼儿处于被动的位置，没有直接参与幼儿园环境创设，幼儿的思维能力和创造能力没有得到很好的发挥。

现在，幼儿教育工作者常鼓励幼儿积极参与幼儿园环境创设，如鼓励幼儿使用染纸进行环境创设（见图7-2），这不仅可以锻炼幼儿双手的灵活度，还可以调动幼儿的主动性，使幼儿对幼儿园环境产生亲切感，并获得满足感。此外，布置幼儿园环境的过程可以激发幼儿的创造力，还可以使幼儿之间进行相互合作，从而提高幼儿的团队合作意识。当幼儿相互协作并完成创作时，教师要及时给予他们鼓励，从而激发幼儿们无限的潜能。

图7-2　染纸

（三）提高幼儿的审美水平

整洁、美观、大方的幼儿园环境往往能够给幼儿带来美的感受。例如，幼儿园中丰富的物品造型、多样的呈现方式、教师精心制作的装饰品（见图7-3）和幼儿们用心完成的涂鸦画（见图7-4）等，都可以让幼儿直接地感受美、体验美和欣赏美，并提高幼儿的审美水平。因此，幼儿可以通过积极参与幼儿园环境创设活动，体验创造美的乐趣，感受合作的快乐和成功的喜悦。

图7-3　装饰品

图7-4　涂鸦画

（四）激发幼儿的探索精神

幼儿园环境创设中往往使用简单易得的材料创造与众不同的物品。例如，教师和幼儿一起利用废旧毛线、瓶子和布料等制作精美的室内摆件，如图7-5所示。在创造过程中，幼儿不仅可以体验创造的快乐、探索的惊喜和合作的愉快，还能提高自己的口语表达能力，同时增强自己的探索欲望。

图7-5　室内摆件

（五）高效完成课堂学习目标

在日常的教学活动中，合理地开展幼儿园环境创设活动，不仅有利于幼儿在与环境交互的过程中获得各方面的能力，还有助于幼儿高效完成课堂学习目标。例如，课堂上教师开展以“水果王国”为主题的幼儿园环境创设活动（见图7-6），让幼儿将水果与名称一一对应，使幼儿在游戏中轻松快乐地认识不同的水果，从而高效地完成课堂学习目标。

图7-6　“水果王国”主题活动

三、探讨幼儿园环境的分类

幼儿园是幼儿长期生活、学习和游戏的重要场所。幼儿园环境既有物质形态的，又有精神形态的；既有内部的，又有外部的；既有班级的，又有公共区的。多种多样的幼儿园环境综合在一起，潜移默化地影响着幼儿的身心发展。

（一）物质环境和精神环境

按照环境性质的不同，幼儿园环境可分为物质环境和精神环境两大类。物质环境主要包括玩教具、图书、室内外装饰、园舍建筑和配套设施等有形的环境。精神环境主要包括幼儿园文化、教师的教育理念和教育行为、人际关系和情感氛围等无形的环境。精神环境尽管是无形的，但它对幼儿身心的发展（尤其是心理发展）有着巨大的影响，是幼儿园环境的重要组成部分。

（二）内部环境和外部环境

按照场所区域的不同，幼儿园环境可分为内部环境和外部环境两大类。内部环境主要是指幼儿园内部的小环境。外部环境主要是指与幼儿园教育相关的园外的家庭、社会和自然等大环境。

（三）班级环境和公共区环境

按照存在形式的不同，幼儿园环境可分为班级环境和公共区环境两大类。班级环境包括墙面、区角等；公共区环境包括门厅、走廊、楼梯和园庭等。

任务拓展

- 简述你对幼儿园环境创设的理解。
- 简述幼儿园环境的分类。

任务二

幼儿园环境创设中存在的问题

幼儿园在进行环境创设时，应当以幼儿的成长需要和教育目标为依据，对一切可以利用的空间进行创设，使整个幼儿园都充满趣味性和教育性。但是，实际的幼儿园环境创设还存在诸多的问题。

本任务主要介绍幼儿园环境创设中存在的问题，帮助大家规避环境创设过程中容易出现的问题。

任务目标

- 了解幼儿园环境创设中存在的问题。

了解幼儿园环境创设中存在的问题

（一）重环境的美观豪华，轻环境的教育价值

随着社会经济的不断发展，幼儿园的物质环境有了普遍的改善和提高，幼儿园普遍开始重视环境创设。但是有些幼儿园在很大程度上只是为了追求美观，忽略了幼儿的年龄和心理等特点，这样布置出来的环境失去了它原本的意义。例如，楼道内一幅幅高高挂起的精品画，缺乏童趣和童真，幼儿根本无法欣赏。

幼儿园环境绝不会是装饰品，也不仅仅是硬件设备的堆砌，而是幼儿园教育的重要组成部分，是幼儿课程设计和实施的重要因素，它与教育相互依赖、相互包容、相互影响且不可分割。幼儿的认知、情感和社会性的发展始终离不开幼儿与环境的相互作用，且幼儿与环境相处的方式也直接影响教育的质量。因此，幼儿园在创设环境的过程中，必须充分考虑环境的教育性，思考环境是否与幼儿教育的目标一致，是否与幼儿身心发展的需求一致，是否体现了环境育人的理念。这样才能更好地发挥环境的价值，真正促进幼儿身心健康发展。片面追求环境美观华丽、弱化环境教育价值的做法是不可取的。

（二）重教师的主导作用，轻幼儿的主体地位

由于时间仓促、同行参观交流、领导检查、审美标准高等因素，部分幼儿园环境创设主要由教师完成，从而导致幼儿经常处于被动接受的位置。在创设过程中，教师难免会在不经意间从自己的角度出发，凭个人的感觉和理解设计幼儿园环境的形式及内容，从而忽略环境是否适合幼儿的身心发展。这无形中削弱了幼儿在幼儿园环境创设中的主体地位，同时也扼杀了幼儿参与幼儿园环境创设的积极性，致使环境成为一种摆设和装饰，无法与幼儿进行有效的互动，同时影响幼儿的身心发展。

幼儿教育工作者必须清醒地认识到，幼儿才是幼儿园环境的主人，幼儿园环境创设必须关注幼儿的身心发展需求。幼儿园环境的教育性不仅蕴含在环境之中，更蕴含在环境创设的过程之中。因此，教师应该培养幼儿参与幼儿园环境创设的意识，鼓励幼儿积极参与幼儿园环境创设，激发幼儿的想象力和创造力，并充分发挥幼儿园环境的作用。

（三）重静态环境创设，轻动态环境发展

幼儿园环境创设时为了突出当地的风土人情与人文特色，常会选择许多反映民风民俗的装饰品，从而凸显该幼儿园的课程特色，这一点是值得肯定的，但是部分幼儿园却因为当初花费了大量的人力物力，所以就不舍得更换创设的环境，导致幼儿园环境长期处于静止状态。

幼儿是活泼好动的，他们的成长环境应该具有弹性且不断变化，让幼儿在变化中与“环境”对话。而且，随着教育主题的变化及幼儿兴趣点的转移，一成不变的幼儿园环境肯定没有持久的吸引力，更无法满足幼儿的身心发展需求。幼儿园环境必须随教育主题的变化、幼儿兴趣点的转移及季节的变化及时调整更新，以激发幼儿参与其中的积极性，从而增强他们的创造力和探索能力。

此外，幼儿的发展是主动与环境互动的过程，而创设幼儿园环境的根本目的是激发幼儿的学习行为，促进幼儿的发展。因此，教师不仅要引导幼儿一起参与幼儿园环境创设，还要培养幼儿主动探索环境中未知事物的意识，加强环境对幼儿身心发展的影响，避免精心设计的环境成为一种摆设。

（四）重物质环境创设，轻精神环境创设

幼儿园是幼儿生活的主要场所，幼儿园环境是影响幼儿身心发展的重要因素。幼儿园环境不仅包括设施设备、操作材料和自然条件等物质环境，还包括师幼关系、同伴关系和幼儿园园风等精神环境。两者不是相互孤立的关系，而是有机结合、相辅相成的关系，它们共同对幼儿的发展产生影响，而且精神环境对幼儿的影响更为广泛。然而，由于幼儿园教师对环境内涵的片面理解，幼儿园环境创设中存在重物质环境创设、轻精神环境创设的现象，这严重地影响了幼儿身心健康的发展。

幼儿园教师应该深刻理解环境的内涵及价值，在做好幼儿园物质环境创设的同时，重视精神环境创设，积极为幼儿营造自由宽松、鼓励支持的幼儿园氛围，并引导幼儿参与幼儿园环境创设，鼓励幼儿积极与环境进行有效的互动，充分发挥环境的育人功能，促进幼儿的全面发展。

（五）重局部环境创设，轻整体环境规划

当前幼儿园环境创设的主要形式是“责任田式”，即幼儿园教师在进行环境创设的过程中，把幼儿园的空间进行分割，形成活动室、区角、盥洗室、睡眠室、走廊和户外等多个不同的区域，然后分别对这些区域进行环境创设。看上去，这种创设形式将幼儿园的每个区域都设计得非常细致精巧，但缺乏对幼儿园环境的整体规划，所以整体效果比较凌乱，缺乏系统性。

幼儿园环境创设必须依据幼儿教育的目标和幼儿园的整体发展目标进行系统的、整体的规划，但不少幼儿园还只注重对幼儿园局部环境的创设，忽视幼儿园整体环境对幼儿教育的作用，使幼儿园环境教育的功能大打折扣。

因此，幼儿园环境创设要求先对整体环境进行规划，合理全面地安排幼儿园的空间分布，然后再对每个局部空间环境进行创设，尽量做到在幼儿的视野范围内处处有内容，处处有教育，充分发挥幼儿园环境创设的价值。

（六）重成品环境创设材料，轻幼儿可操作材料

部分幼儿园在进行环境创设时，偏向于使用种类多样的成品材料，这样既节省时间，又便于操作，但不能促进幼儿的健康成长。

幼儿对未知事物总是充满了好奇，他们都非常乐意摆弄和操作不同的物体，而且，幼儿的认知能力也正是在其与环境的相互作用中获得发展的。所以，幼儿园环境创设时，应多选用半成品材料或者废旧材料，激发幼儿的好奇心和兴趣，引导幼儿根据自己的兴趣爱好对客观事物进行动脑思考和动手操作，促进幼儿与环境的积极互动，使幼儿

处于积极的探索状态，同时鼓励幼儿使用各种材料进行尝试。这样不仅锻炼了幼儿的动手操作能力，满足了他们积极探索的欲望，还能让每个幼儿在自己动手的过程中体验成功的快乐。

任务拓展

针对幼儿园环境创设中存在的问题，请分析解决对策。

任务三

幼儿园环境创设的原则

《幼儿园教育指导纲要（试行）》明确指出："幼儿园应为幼儿提供健康、丰富的生活和活动环境，满足他们多方面发展的需要，使他们在快乐的童年生活中获得有益于身心发展的经验。"为了充分发挥幼儿园环境对促进幼儿身心健康发展的价值，在进行幼儿园环境创设的过程中，一定要遵循环境创设的原则。

本任务主要介绍幼儿园环境创设的原则，加强大家对环境创设的理解，同时培养大家坚持原则的意识。

任务目标

- 掌握幼儿园环境创设的原则。

遵循幼儿园环境创设的原则

（一）安全性原则

幼儿园环境创设的原则

安全性原则主要是指幼儿园的园舍建筑、设施设备、活动场地和玩教具等物质条件必须符合国家颁布的相关卫生和安全标准，且对幼儿的身体或心理不会存在安全隐患或造成危害。

贯彻安全性原则可以从身体安全和心理安全两个方面来考虑。

第一，要确保幼儿的身体安全。确保幼儿的身体安全，应该重点从幼儿园园舍建筑、设施设备及玩教具等方面来考虑。

（1）幼儿园园舍建筑安全。在新建和改建幼儿园的过程中，一定要先考虑园舍的建筑安全问题，坚决不能有危房，包括围墙、厕所等；地面一定要平坦，不能有坑坑洼洼、磕磕绊绊的地方；种植的花草既要漂亮，又要无毒、无危险，如绿萝、吊兰、短尾虎皮兰和长寿花等较适合在幼儿园种植。

（2）幼儿园设施设备安全。幼儿园的教室、宿舍等要安装紫外线灯消毒或随时用消毒水消毒；电器、电线等布置要合理；用电插座不能离幼儿的床铺太近；吊扇使用前须对其稳定性进行检查。

（3）玩教具安全。幼儿园室内外玩教具都不能存在危险性。其中，室内玩教具要避免存在安全隐患的物品，如尖锐的、细小的等，还要杜绝“三无”塑料玩教具；室外大型玩教具多数都是铁质的，要注意将边角打磨圆滑，且幼儿在玩耍的过程中，教师要看护好。另外，玩教具要经常清洗，保持干净整洁。

第二，要充分关注幼儿的心理安全。幼儿对外部世界有着强烈的好奇心和探索欲望，但是探索行为是幼儿在确保心理安全的前提下发生的。心理安全是指个体希望获得稳定、安全和保障，使内心充满安全感。因此，幼儿园在进行环境创设时，还应该充分关注幼儿心理安全的需要。如果忽视幼儿身心发展的特点，仅仅从成人的视角来创设环境，容易给幼儿带来陌生感，从而使其心理安全的需求得不到满足。

（二）参与性原则

参与性原则是指在幼儿园环境创设的过程中，教师积极引导幼儿参与环境创设，并与环境发生积极有效的互动，充分发挥环境的育人功能。

幼儿园环境的价值不仅仅蕴含在环境中，还蕴含在环境创设的过程中，更蕴含在幼儿与环境的互动中。因此，幼儿园环境创设应该尊重幼儿在环境中的主体地位，调动幼儿创设环境的积极性和主动性，并鼓励幼儿与环境进行互动，促进幼儿在创设环境的过程中健康成长。

贯彻参与性原则，可以从以下两个方面来考虑。

第一，要积极引导幼儿参与幼儿园环境创设。幼儿园是教师和幼儿共同生活的地方，作为小主人公，幼儿有权参与幼儿园环境创设，而且幼儿能够在参与的过程中体验其中的乐趣，也能够更快、更容易地融入幼儿园环境中。例如，创设幼儿园教室墙面时，可以让幼儿参与进来。又如，布置以“美丽的春天”为主题的环境时，可以让幼儿们自己搓柳条、剪柳叶，并贴上他们自己制作的小燕子或其他折纸作品，还可以用幼儿们的小手印做红太阳等。

第二，要鼓励幼儿与环境发生有效的互动。环境只有与幼儿发生了互动，才能对幼儿的身心发展起到促进作用。

（三）经济性原则

幼儿园环境创设应该结合本园的实际情况和自身的经济实力，以及幼儿身心发展的需求，坚持低成本、高效益的经济性原则，在保证清洁、卫生的前提下，因地制宜，就地取材，充分利用社区资源，进行废物利用，不浪费宝贵的物质资源。

贯彻经济性原则，可以从以下3个方面来考虑。

第一，充分挖掘地方资源优势，降低幼儿园环境创设成本。正所谓靠山吃山、靠水吃水，每个地方都有自己的资源优势，幼儿园应该充分利用好当地的资源优势，就地取材，从而降低办园成本。例如，北方木材较多，可以围绕木材进行幼儿园环境创设。又如，南方竹子较多，则可以围绕竹制品进行幼儿园环境创设。而且，熟悉的材料还容易消除幼儿的陌生感，增加幼儿与环境的互动，可谓一举两得。

第二，废旧物品再利用，降低幼儿园环境创设成本。包装盒（纸箱、鞋盒、烟盒和酒盒等）和瓶子（酒瓶、饮料瓶和矿泉水瓶等）等都可以成为装饰环境的材料。在环境创设中，搜集整理、二次加工和装饰布置等过程既可以培养幼儿的动手能力，又可以使幼儿感受到无尽的成就感。

第三，提高幼儿园环境的使用率，最大限度地实现幼儿园环境的育人功能。创设幼儿园环境的最终目的是激发幼儿的活动兴趣，促进幼儿的身心发展。所以，幼儿园环境创设完成后，教师要引导幼儿积极与环境进行互动，充分发挥环境的作用，避免将环境当作一种摆设，浪费资源。

（四）审美性原则

一个人的审美能力可以结合审美活动加以提高，不能将它看成是某种固定不变的东西，而应将它看成可以在审美活动的过程中不断提高和丰富的东西。

幼儿的审美比较直观、纯洁，所以幼儿生活的环境会不断地影响幼儿的审美观。如果幼儿生活的环境色彩搭配协调、形象可爱逼真、布局合理、富有童趣，那么幼儿对美的理解和认识就会不断地加深和进步，反之，则不利于审美能力的提升。

幼儿园环境创设可以使幼儿感受美带来的愉悦感，同时培养他们审美的能力。幼儿们将通过美的事物和环境去发现自己、开垦自己、超越自己，同时去发现生活、开垦生活、创造生活。最后，幼儿们的审美意识形成，通过日积月累，逐渐形成自己的审美标准，并开始从审美的角度去看、去听、去想、去感受外界事物。

（五）教育性原则

教育性原则是指幼儿园环境创设应该具有教育性，符合幼儿园教育目标的要求，充分发挥幼儿园环境的教育功能。

贯彻教育性原则，可以从以下两个方面来考虑。

第一，幼儿园环境创设要有利于实现教育目标。幼儿园在进行环境创设时，应该先认真分析幼儿园的教育目标，然后结合教育目标进行有针对性的环境创设，充分发挥环境潜移默化的教育功能。例如，五月的母亲节，幼儿园可以组织一场以“献给妈妈的礼物”为主题的活动，既能激发幼儿的兴趣，又能锻炼幼儿的动手能力，同时还能培养幼儿的感恩之情，并加深亲子之间的感情。由此可见，幼儿园环境创设不仅对幼儿有重要的教育意义，还可以配合教学活动促进幼儿全面发展。

第二，实现幼儿园环境与课程的巧妙融合。一方面，幼儿园环境要支持课程的开展，获得环境支持的课程更具有真实性。课程实施的过程中，教师应该思考创设哪些环境来辅助教学，切实提高教学的效率。另一方面，幼儿园环境也要能生成课程。良好的环境蕴含着无穷的教育契机，教师要善于把环境中蕴含的教育契机转化为课程，充分发挥环境的教育功能。

（六）发展性原则

发展性原则是指幼儿园环境创设不是一成不变的，幼儿园应该根据幼儿兴趣热点的转移、季节的变化和主题活动的开展等及时调整环境的布局与内容。

贯彻发展性原则，可以从以下4个方面来考虑。

第一，随着自然现象和社会生活的变化而调整。随自然现象和社会生活的变化调整幼儿园环境，能够给幼儿带来丰富的感观刺激，帮助幼儿认识周围环境中的新事物，了解事物与事物之间的联系。

第二，配合教育主题的变化而调整。为了满足幼儿身心健康成长的需求和教育主题的变化，在幼儿园环境的主题选取、空间布局和材料投放等方面，都需要每隔一段时间就进行重新设计和布置。

第三，根据幼儿兴趣热点的转移而调整。兴趣是最好的老师，幼儿园环境如果能及时地随幼儿兴趣的变化而调整，便会不断地促进幼儿进行思考，使幼儿享受探索的乐趣，并培养幼儿的自我思考能力和自我探索精神。

第四，随着幼儿生活经验的拓展而调整。随着幼儿生活经验的积累，陈旧的幼儿园环境将无法满足幼儿对生活经验的需求，因此，幼儿园应定期对环境的内容进行更新，同时做到与时俱进，使幼儿及时获取新的生活经验。

任务拓展

简述幼儿园环境创设的原则。

拓展阅读

足球环境，浸润童心——打造基于“儿童立场”的足球环境

四川省某幼儿园作为国家级足球特色幼儿园，一直致力于幼儿足球游戏兴趣的培养。为了让孩子喜欢并爱上足球，该幼儿园致力于在环境创设上下功夫。幼儿园的老师们利用课余时间，积极打造了幼儿园足球环境。

幼儿园的楼梯间，是展示足球文化的区域，这里设计了足球文化墙，涉及中国足球文化的起源、足球的发展史、中国足球队队员在足球场上奋力拼搏的精彩瞬间，以及开展足球运动所需要的装备等内容，如图7-7所示。

幼儿园的走廊是游戏区域，这里布置了各种各样投掷类玩具，如飞镖、投掷球等，如图7-8所示。幼儿通过玩这些玩具，不仅能锻炼肢体的敏捷性、协调性与平衡性，还能充分享受投掷的乐趣。

图7-7　足球文化墙

图7-8　投掷类玩具区

此外，为了让足球游戏融入到幼儿的一日活动中，该幼儿园各班级的主题墙也渗透了足球元素。

·项目八· 幼儿园班级环境创设

内容提要

根据空间分布及用途的不同，可将幼儿园班级环境分为幼儿园班级墙面环境和幼儿园班级区角环境。其中，幼儿园班级墙面环境主要用于实现教育拓展和美化幼儿园环境；幼儿园班级区角环境主要用于创设各式各样的区角活动。

本项目将以任务的形式介绍幼儿园班级墙面环境创设和幼儿园班级区角环境创设。

学习目标

知识目标

- 了解幼儿园班级墙面环境和区角环境。
- 掌握幼儿园班级墙面环境的创设要求。
- 掌握幼儿园班级区角环境的创设流程。

能力目标

- 能够设计出满足幼儿物质需求和精神需求的班级墙面环境和班级区角环境。
- 能够组织幼儿开展幼儿园班级墙面环境和区角环境创设活动。

素质目标

- 培养思维能力和动手能力。
- 提高幼儿教师的专业素养。

任务一

幼儿园班级墙面环境创设

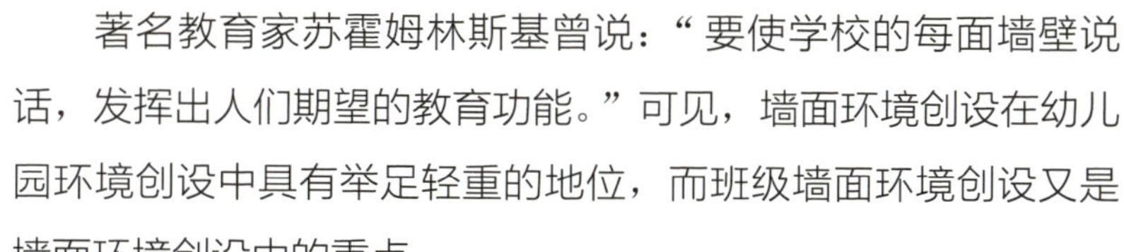

著名教育家苏霍姆林斯基曾说：“要使学校的每面墙壁说话，发挥出人们期望的教育功能。”可见，墙面环境创设在幼儿园环境创设中具有举足轻重的地位，而班级墙面环境创设又是墙面环境创设中的重点。

在班级墙面环境创设中，我们应鼓励幼儿积极参与创设活动，这样可以调动幼儿的学习兴趣，开拓幼儿的视野，增强幼儿的主人公意识，培养幼儿的思维能力和动手能力，从而充分发挥墙面环境的教育功能，达到事半功倍的教育效果。

本任务主要介绍幼儿园班级墙面环境的创设要求，并展示不同类型的幼儿园班级墙面环境创设成果，从而帮助大家进一步了解幼儿园班级墙面环境创设的方向。

任务目标

- 了解幼儿园班级墙面环境。
- 掌握幼儿园班级墙面环境的创设要求。
- 能够组织幼儿开展幼儿园班级墙面环境创设活动。

创设班级墙面环境

目前，幼儿园班级墙面环境创设的类型有很多，根据墙面用途的不同，可将其分为教育性墙面环境、展示性墙面环境和装饰性墙面环境。

教育性墙面环境是围绕教育目标创设的墙面环境，包括品德类教育、知识类教育和欣赏类教育等，如图8-1所示。展示性墙面环境是用于呈现教师和幼儿活动成果的墙面环境，可以展示幼儿的作品，如图8-2所示。装饰性墙面环境是用于点缀和美化幼儿园的墙面环境，如图8-3所示。

图8-1　教育性墙面环境

图8-2　展示性墙面环境

图8-3　装饰性墙面环境

墙面环境是幼儿园班级环境中的重要组成部分，其创设要求如下。

（1）幼儿园要根据教育目标、教学任务确定墙面环境的主题，使其内容具有目的性和计划性，充分发挥墙面环境的教育价值。

（2）墙面环境的创设风格要统一，形成整体美。

（3）幼儿园在进行墙面环境创设时，要根据幼儿的认知能力选择一些能够激发幼儿想象力的主题，如幼儿们感兴趣的童话故事、动画片中的形象等。

（4）幼儿园墙面环境创设不宜成人化，要富有童趣，可以采用拟人化的手法，如将春季的到来描述为“春姑娘来了”等。

（5）墙面环境的内容要根据季节、节日等的变化及时更新。

（6）幼儿园要鼓励幼儿积极参与墙面环境创设活动。

任务拓展

以“讲文明、行礼仪”为主题创设幼儿园班级墙面环境。

成果展示

幼儿园班级墙面环境创设的成果展示有教育性墙面环境（见图8-4）、展示性墙面环境（见图8-5）和装饰性墙面环境（见图8-6）。

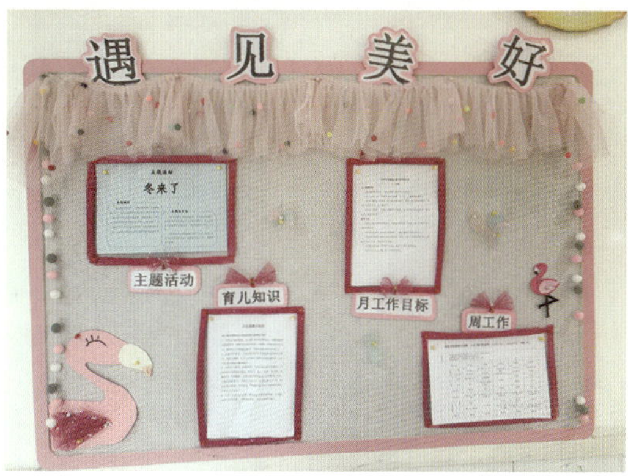

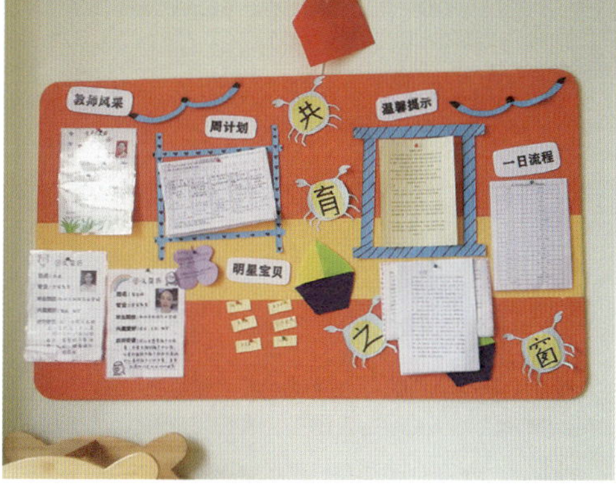

图8-4 教育性墙面环境

图8-5　展示性墙面环境

图8-6　装饰性墙面环境

任务二

幼儿园班级区角环境创设

幼儿园班级区角环境是指教师根据教育目标和幼儿发展水平创设的活动环境。在班级区角环境中，教师有目的、有计划地投放各种活动材料，使幼儿能够根据自己的意愿和能力，通过操作、摆弄和探索等方式进行具有针对性的学习。班级区角环境给幼儿提供了自由选择的空间，使幼儿在活动和游戏中提升想象力、创造力、语言表达能力、交往能力和解决问题的能力等。

本任务主要介绍幼儿园班级区角环境的创设流程，并展示利用丰富的材料创设幼儿园班级区角环境的成果，从而帮助大家更直观地了解幼儿园班级区角环境的种类。

任务目标

- 了解幼儿园班级区角环境。
- 掌握幼儿园班级区角环境的创设流程。
- 能够组织幼儿开展幼儿园班级区角环境创设活动。

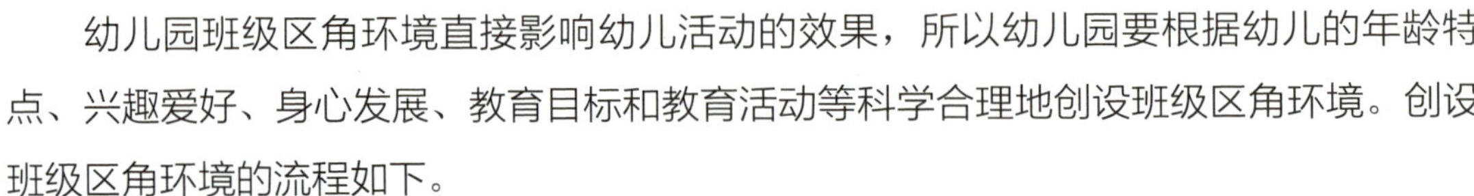

创设班级区角环境

幼儿园班级区角环境直接影响幼儿活动的效果，所以幼儿园要根据幼儿的年龄特点、兴趣爱好、身心发展、教育目标和教育活动等科学合理地创设班级区角环境。创设班级区角环境的流程如下。

（1）科学合理地规划区角环境的位置分布。幼儿园班级区角环境可划分成多个区域，如益智区、科学区、美工区、角色区、表演区和建构区等，所以在创设时要先确定每个区域的位置分布。由于每个区域的性质不同，所以幼儿园在进行位置分布时，要注意动静分开，避免区与区之间的干扰。例如，益智区、科学区和美工区等需要安静的区域，可以规划在一起，并尽量远离吵闹的区域；角色区、表演区和建构区等较吵闹的区域可以规划在一起。

（2）设计并制作区角牌，如图8-7所示。

图8-7　区角牌

（3）设计并制作区卡（见图8-8）和取卡处（见图8-9）。区卡是一个引导，幼儿可以根据自己的爱好，选择相应的区卡入区进行操作学习。区卡还可以限制区域人数，实现各区人数的合理分配，避免了由教师来分配入区人数的“高控行为”，减少了不必要的管理，锻炼了幼儿自主安排活动的能力，并使幼儿逐步从“他律”内化为“自律”。区卡有利于教师统计反思，从而更全面地了解幼儿的发展状况，防止偏区选择导致发展的片面性。

图8-8　区卡

图8-9　取卡处

（4）根据区域特点制定区域规则，如图8-10所示。

图8-10　区域规则

（5）投放并制作区域活动材料，如图8-11所示。区域活动材料的投放与制作要点有8点。一是围绕教育目标和内容投放活动材料。二是活动材料的设计要针对不同的年龄特点。三是要投放具有多用性和开发性的活动材料。四是区域提供的活动材料要足够丰富，要能够满足幼儿的选择和操作。五是活动材料要具有趣味性。六是活动材料要具有层次性，即活动材料的操作要有一个由易到难的过程。七是挖掘可以废物利用的活动材料，并研究开发一些半成品材料或原始材料。八是鼓励幼儿、家长积极准备活动材料。

图8-11　区域活动材料

（6）活动材料投放完毕，幼儿园班级区角环境创设即可完成，教师便可以组织幼儿开展区角活动。

任务拓展

根据幼儿园班级区角环境的创设流程，为幼儿园创设益智区。

成果展示

幼儿园班级区角环境创设的成果展示有益智区（见图8-12）、科学区（见图8-13）、美工区（见图8-14）、角色区（见图8-15）、表演区（见图8-16）和建构区（见图8-17）。

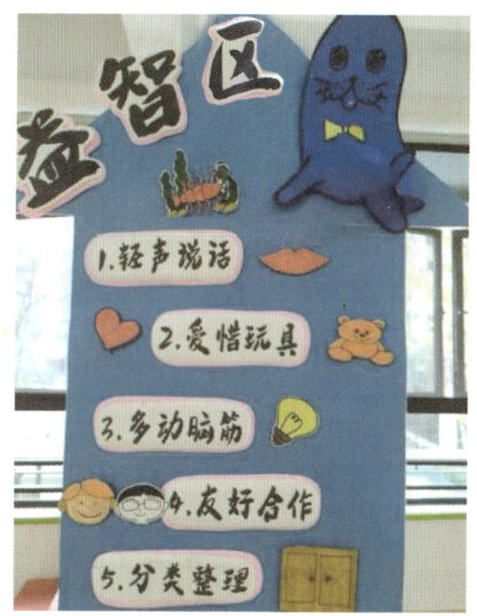

图8-12　益智区成果展示

图8-13 科学区成果展示

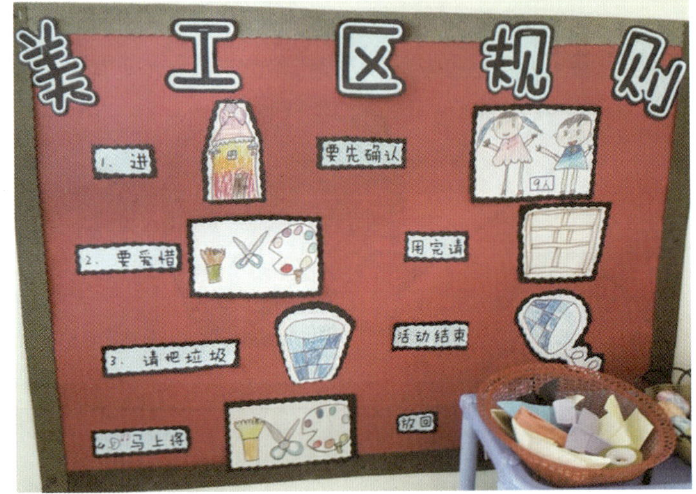

图8-14 美工区成果展示

图8-15　角色区成果展示

图8-16　表演区成果展示

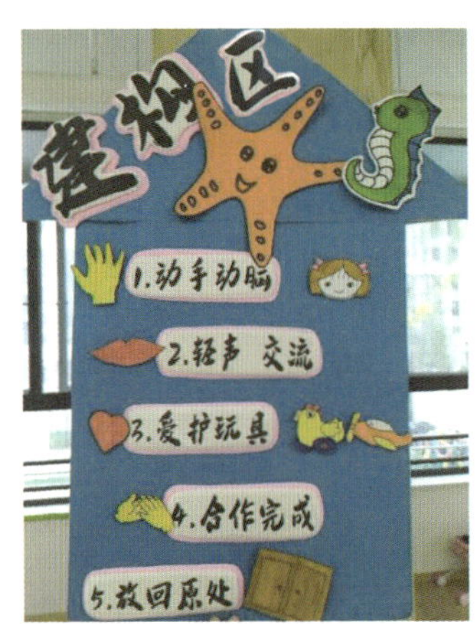

图8-17　建构区成果展示

“炫彩中国风——青花瓷”主题环境创设

青花瓷以其独特的历史风格和独有的艺术特色被誉为是中国的“国瓷”，是中国文化的象征。千百年来，她不断向世人展现清丽、隽逸的迷人风采。

为了让幼儿对中国的历史文化有更深一步的了解，某幼儿园中班开展了“炫彩中国风——青花瓷”的主题环境创设活动，让幼儿通过欣赏、了解、制作、展览等方式，感受青花瓷的艺术美，激发他们对青花瓷的兴趣。该活动主要包括制作青花瓷主题墙和创设青花瓷工作坊、青花瓷创作室，以及开展青花瓷瓶展活动等环节。

青花瓷主题墙：幼儿用纸杯自制蓝白色调的太阳花拼成中国图，中国图中展示了青花瓷系列的瓶、罐，中国图的左边是幼儿和教师一起用废旧瓶盖制作的青花瓷瓶和花束，右边是教师用勾线笔描绘的青花瓷系列花纹（见图8-18），其目的是拓宽幼儿视野，为幼儿创设一个欣赏的区域，进一步激发幼儿的想象力、创造力和审美能力。

图8-18 青花瓷墙面环境

青花瓷工作坊：主要是为了让幼儿进一步了解青花瓷的制作工序，了解每件手工陶瓷制品从揉泥到烧造完成，经历的几十道工序数和十个技术关键点，体会每件作品想要表达的情感和意境。

青花瓷创作室：幼儿通过对前两个题材的欣赏、了解，开始自己的创作，在创作的过程中幼儿会在不知不觉中了解青花瓷、接受青花瓷，并再次创造青花瓷别样的美。

青花瓷瓶展：幼儿用形状各异的饮料瓶制作的青花瓷瓶和用泡沫制作的青花瓷展台，都充分体现了幼儿的废物利用意识和幼儿对青花瓷的喜爱，同时激发了幼儿创作的灵感、增强了幼儿对美的欣赏。

·项目九· 幼儿园公共区环境创设

内容提要

根据位置分布的不同，可将幼儿园公共区环境分为幼儿园室内公共区环境和幼儿园室外公共区环境。其中，幼儿园室内公共区环境创设的主要目的是展现幼儿园的整体环境和教育氛围；幼儿园室外公共区环境创设的主要目的是给幼儿提供丰富多彩的室外活动。

本项目将以任务的形式介绍幼儿园室内公共区环境创设和幼儿园室外公共区环境创设。

学习目标

知识目标

- 了解幼儿园室内公共区环境和室外公共区环境。
- 掌握幼儿园室内公共区环境的创设方法。
- 掌握幼儿园室外公共区环境的创设要点。

能力目标

- 能够组织幼儿开展幼儿园室内外公共区环境创设活动。
- 能够利用自然材料、废旧材料等创设出促进幼儿全面发展 的幼儿园室内外公共区环境。

素质目标

- 树立热爱自然、热爱生活的意识。
- 培养审美情趣，提高感受美、理解美和创造美的能力。

幼儿园室内公共区环境创设

幼儿园室内公共区是指幼儿园中供大家共同使用的室内区域，如门厅、走廊、楼梯等。幼儿园室内公共区环境是现代幼儿园环境创设中的重要组成部分，它可以凸显幼儿园的创设风格，烘托幼儿园的教育氛围，提高幼儿园的整体品质，美化幼儿园的品牌形象等。

对于幼儿园室内公共区环境的创设，在整体设计上，应充分体现"以幼儿发展为本"的教育思想；在规划布局上，应遵循幼儿园环境创设的基本原则。这样，不仅能使整个环境都充满美的气息，还能使幼儿在潜移默化中接受全面的教育，最大限度地促进幼儿的发展。

本任务主要介绍幼儿园室内公共区环境中不同区域的创设方法，并展示利用幼儿园宣传材料、幼儿作品、动植物等创设幼儿园室内门厅、走廊和楼梯的成果，使大家能够直观地了解幼儿园室内公共区环境创设的方法。

任务目标

- 了解幼儿园室内公共区环境。
- 掌握创设幼儿园室内公共区环境的方法。
- 能够组织幼儿开展幼儿园室内公共区环境创设活动。

一、创设门厅

门厅既是通往幼儿园活动场地的要道，又是幼儿园文化的聚集之地。走进幼儿园，最先进入的位置就是门厅，幼儿园的办园理念、发展目标等常常在这里体现。门厅浓缩着幼儿园的办园文化，如果只把它规划成一个纯粹的过道，忽略它的文化宣传功能，便是在浪费资源。所以，可将门厅创设为一个幼儿园对外宣传的阵地，规划一面能够体现幼儿园文化的宣传墙，如图9-1所示。通过宣传，幼儿园可加强与外界的相互交流，从而促进其自身的发展。

图9-1　门厅文化宣传墙

游乐是幼儿的重要活动，所以门厅应该设置幼儿游乐的空间，如图9-2所示。幼儿一入园，就犹如进入一个童话世界，他们可以到小兔妈妈的家里做客，可以到白雪公主的城堡里逛逛，多么惬意！

图9-2　门厅游乐空间

门厅应该是一个提升幼儿自信的空间，故可规划一些边角地带用来展示幼儿的创意作品、主题活动成果等。在这里，还可以结合幼儿园的办园特色，赋予一些其他的功能，如规划一个亲子阅读区（见图9-3），让幼儿离园前与家长们一起享受亲子阅读的快乐，或者规划一个休闲吧（见图9-4），让家长在这里交流育儿心得，等等。

图9-3　亲子阅读区

图9-4　休闲吧

二、创设走廊

走廊是幼儿课间活动的主要场所，其创设应结合幼儿在不同年龄段的特点进行，不仅要体现宣传文化、展示作品、传授生活经验、指导游戏等功能，还要具有美感、创意和趣味。

创设走廊时，可以在走廊墙面上设置幼儿作品展示区（见图9-5），这样可以促进幼儿间的交流互动；也可以在走廊的窗台上或墙角处摆放花盆（见图9-6），这样不仅可以美化环境，还便于幼儿观察植物的成长变化。

图9-5　幼儿作品展示区

图9-6　走廊上摆放花盆

三、创设楼梯

楼梯主要用于通行，幼儿园楼梯台阶的高度和宽度、扶手的高度、栏杆的间距等都应该符合国家规定的安全标准。安全保障是幼儿园的首要任务，所以在创设楼梯时，可以在台阶上设置防滑条、粘贴警示语等，也可以通过墙面环境创设等方式对楼梯进行美化，如图9-7所示。

图9-7　楼梯环境

任务拓展

以“开学季”为主题，对幼儿园室内公共区环境的门厅区域进行创设。

成果展示

幼儿园室内公共区环境创设的成果展示有门厅（见图9-8）、走廊（见图9-9）和楼梯（见图9-10）。

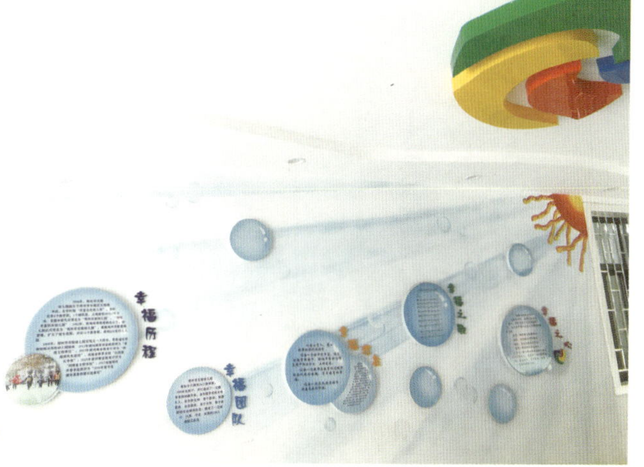

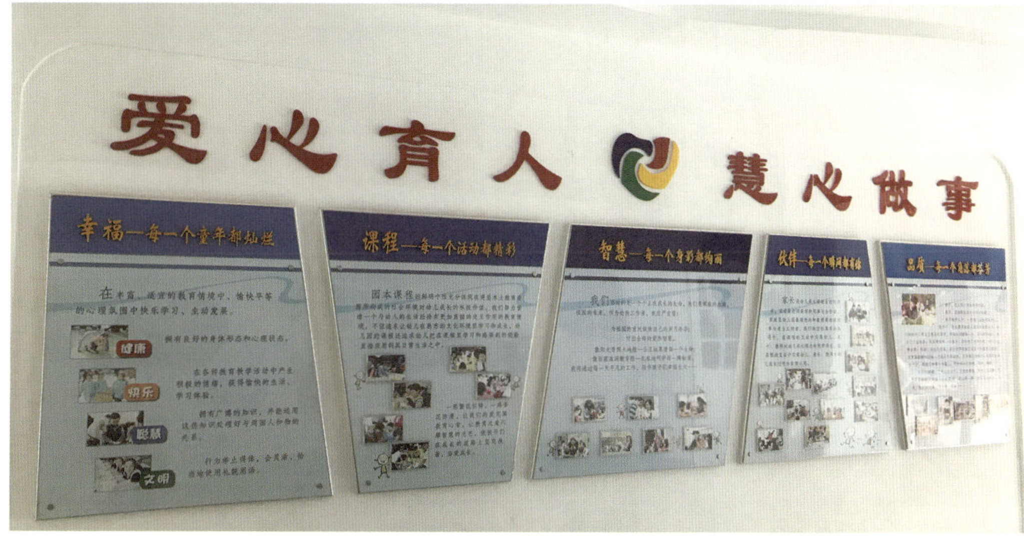

图9-8 门厅成果展示

推荐理由
蚂蚁和西瓜

推荐理由
雪地里的脚印

推荐理由
喂！耳朵
有趣的身体

推荐理由
噗！荡秋千

推荐理由
小老鼠的裁缝店

cakes
pizza
fish

图9-9　走廊成果展示

图9-10　楼梯成果展示

任务二

幼儿园室外公共区环境创设

游戏是幼儿的基本活动，室外公共区环境是幼儿尽情游戏的天地。幼儿园室外公共区环境主要是指幼儿园园庭环境，它可以划分成多个区域，如沙水区、运动区、野趣区、木工区、泥巴区、大型玩具区和动植物区等。室外公共区环境是幼儿园环境的重要组成部分，也是促进幼儿全方面、多样化学习和发展的活动空间。

良好的室外公共区环境是保障幼儿户外活动质量的前提。安全无害、内容丰富、结构合理的室外公共区环境能够支撑幼儿园开展各种活动，提升幼儿交往、观察、想象、操作、生活和自律等方面的能力，促进幼儿身心全面健康发展。幼儿园室外公共区环境创设要遵循多项原则，如安全性原则、规范性原则、整体性原则、因地制宜性原则、多样性原则、创造性原则、层次性与挑战性原则等。

本任务主要介绍幼儿园室外公共区环境中不同区域的创设要点，并展示利用自然材料、废旧材料等创设幼儿园室外沙水区、运动区、野趣区、木工区、泥巴区、大型玩具区和动植物区的成果，方便大家快速掌握创建幼儿园室外公共区环境的要求。

任务目标

- 了解幼儿园室外公共区环境。
- 掌握幼儿园室外公共区环境中不同区域的创设要点。
- 能够组织幼儿开展幼儿园室外公共区环境创设活动。

一、创设沙水区

沙水区（见图9-11）是沙与水的结合，这两种元素是幼儿园中必不可少的自然元素，幼儿可以在沙水区充分探索和感知水的流动、干湿沙的区别、沙的可塑性等。

图9-11　沙水区

沙水区一般设置在幼儿园班级活动室之外，其创设要点如下。

（1）面积充足。沙水池的面积要足够大，单个沙池的面积要能充分满足一个班幼儿玩沙的需要。有条件的幼儿园可以多设置几个沙池，其面积、特点各不相同，以满足不同年龄段幼儿的需求，增加幼儿互动的机会。

（2）沙池应与水源临近，条件有限的幼儿园可将沙水区与其他区结合，在它们临近处设置一套盥洗系统，同时满足两个区域内的用水需求，但请酌情考虑幼儿人数，适当增加水龙头数量。

（3）沙池中的沙地要求深度适宜，一般为50厘米左右，满足幼儿挖掘与探索的乐趣。沙质要求干净松软。

（4）幼儿园要注意沙池下方应做好排水设施，定期清理维护。

（5）沙水区尽量设置在通风日照不低于2小时的地方。同时，建议幼儿园在沙水区旁种植大树，便于在夏季为幼儿遮蔽阳光。

（6）在沙水区周围可投放满足不同年龄特点、种类丰富的玩沙、玩水工具，如铲子、水管等，满足幼儿的游戏需要；也可设置废旧轮胎、木桩等材料，增添沙池的趣味性。

投放材料时应在沙水区旁就近设置收纳架，方便幼儿拿取游戏材料。

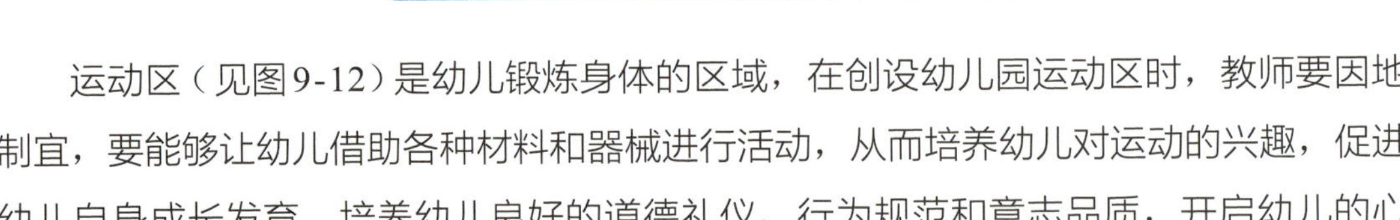

二、创设运动区

运动区（见图9-12）是幼儿锻炼身体的区域，在创设幼儿园运动区时，教师要因地制宜，要能够让幼儿借助各种材料和器械进行活动，从而培养幼儿对运动的兴趣，促进幼儿自身成长发育，培养幼儿良好的道德礼仪、行为规范和意志品质，开启幼儿的心智，提高幼儿的合作意识和团队精神，增强幼儿的人际交往能力和社会适应能力。

图9-12　运动区

运动区的创设要点如下。

（1）面积充足，地势平坦。在运动区，幼儿常进行奔跑、攀爬、打球等运动，所以运动区的面积要充足，便于幼儿欢快地奔跑，而且运动区的地势要平坦，避免幼儿在运动时跌倒。

（2）地面软化，确保安全。运动区的地面要采用较柔软的材质，以确保幼儿的安全。

（3）运动器械材料种类丰富，数量充足。运动器械要多种多样，如固定的器械、可移动的器材等，且数量要充足，以满足幼儿的需求。

（4）运动器械存放的位置要合理，便于取放。

三、创设野趣区

野趣是指到野外活动，利用大自然中的原始材料尽情玩耍。野趣区（见图9-13）是幼儿园根据幼儿的发展目标，分析幼儿现有的发展水平和能力，为幼儿提供可以自觉、自主、自愿地进行活动的区域。

图9-13　野趣区

野趣区对幼儿来说有着重要而特殊的意义，其创设要点如下。

（1）面积较大，地形多样，植被丰富。有条件的幼儿园可以设计多种地形，供幼儿感受和探索。

（2）充分利用已有资源设计游戏设施。幼儿园应因地制宜，充分挖掘，利用现有的植物和地形等资源，设置各类具有创意性的游戏设施。

（3）投放充满野外趣味的游戏材料。

（4）做好边界处理，防止水土流失。

四、创设木工区

木工区（见图9-14）是幼儿运用真实的材料进行设计、构思、组装、搭建建筑模型的区域，能很好地培养幼儿的动手能力和解决问题的能力，还能激发幼儿主动学习的积极性，促进幼儿全面发展。

图9-14　木工区

在木工区，幼儿们可以在敲敲打打中体验传统手工劳作的乐趣，在快乐的游戏中发展自己的肌肉动作和手眼协调能力。木工区的创设要点如下。

（1）位置选择合适，规划合理。木工区可以选择墙角的位置，在墙上可以挂放各类工具和材料。

（2）简洁实用的防水设计。木工区的多种材料都需要防水，有条件的幼儿园可以建造专用的木工房。

（3）工具设施要相对齐全，摆放要合理。

（4）操作台高度要适宜，操作材料要丰富多样。

（5）准备实用的木工服装，并设置作品展示区。

五、创设泥巴区

泥是大地的元素，是自然的产物。玩泥巴是幼儿的天性，泥巴区（见图9-15）正是幼儿释放天性的区域。

泥巴区有助于培养幼儿自主思考和动手的能力，其创设要点如下。

（1）设置造型简洁、功能实用的泥巴池。幼儿园可以将园庭中面积较小的角落设置为泥巴池，而且泥巴池最好靠近墙面，可以利用墙面收纳泥巴池所需的工具。

（2）选择高度适中的操作台和干净、细腻、黏性大的泥土，并投放一些必要的工具和模具。

（3）泥巴池需要靠近水源，因为玩泥巴离不开水。

图9-15　泥巴区

六、创设大型玩具区

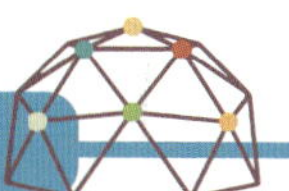

大型玩具区（见图9-16）是个有趣且具有吸引力的区域，是幼儿园的基本区域之一。

图9-16　大型玩具区

大型玩具区的创设要点如下。

（1）幼儿园内大型玩具的设计、制造、安装、改造、修理、试验及检验等都应按照相关标准的规定执行。

（2）建造幼儿园大型玩具的材料应耐用，且卫生易于维护，金属材料必须上漆并做防锈处理，木材需要进行防止开裂和不规则断裂处理。所有的材料都应进行表面磨光处理，减少安全隐患。

（3）根据大型玩具的功能特点，预留出一定的安全距离。

七、创设动植物区

动植物区包括饲养区（见图9-17）和种植区（见图9-18），它们对幼儿亲近自然、感受自然、认识自然起着重要的作用。幼儿在亲历喂养和种植的过程中，可以学会使用工具，学会喂养小动物和种植植物，了解动植物的生长变化，体会人与动植物、自然环境的密切关系，懂得尊重和珍惜生命，并力所能及地保护自然环境。

图9-17　饲养区

图9-18　种植区

动植物区在科学、环保、情感、能力等多方面都有着重要的价值，其创设要点如下。

（1）动植物区的位置规划要结合幼儿园园庭的情况，设置在阳光充足的区域。面积根据幼儿园的情况而定，园庭面积大的可以设置单独的饲养区和种植区。园庭面积较小的幼儿园，可以在边角区域设置饲养区，在窗户下面阳光充足的地方设置种植区。

（2）整体设计要方便幼儿照料和观察。在对饲养区和种植区进行设计时，要预留适宜的通道和空间，方便幼儿照料和观察动植物。

（3）饲养区的设计要考虑美观、实用、卫生、安全。饲养区一般使用木质或铁质材料进行镂空设计，保证通风，便于观察。

（4）要有针对性地选择饲养和种植的种类。动物一般选择比较温顺的，如兔子、鹦鹉、孔雀等；植物一般选择易于成活的蔬菜和花卉，如白菜、胡萝卜、太阳花、虎皮兰等。

（5）设置水源。为了方便喂养小动物和给植物浇水，最好在饲养区和种植区附近设置水源。

任务拓展

查阅资料，思考除了上述区域外，在幼儿园室外公共区环境中还可以创设什么区域，然后简述创设思路。

成果展示

幼儿园室外公共区环境创设的成果展示有沙水区（见图9-19）、运动区（见图9-20）、野趣区（见图9-21）、木工区（见图9-22）、泥巴区（见图9-23）、大型玩具区（见图9-24）和动植物区（见图9-25）。

图9-19　沙水区成果展示

图9-20　运动区成果展示

图9-21　野趣区成果展示

图9-22　木工区成果展示

图9-23　泥巴区成果展示

图9-24　大型玩具区成果展示

图9-25 动植物区成果展示

人与自然和谐共生——校园“转角”遇见美丽大自然

为了更好地发挥自然角在日常生活中的教育功能，让学生们亲近大自然、热爱大自然，养成爱观察的良好习惯，江西省某幼儿园把学校各转角设置成自然角，如图9-26所示。学生们在老师带领下开展观察体验及浇水施肥活动，感受植物的生长规律、体验生产劳动的乐趣。

图9-26　植物成果展示区

教师们利用轮胎、麻绳、玻璃瓶、泡沫盒、酸奶杯等各种废旧材料，加工制作成形态各异的花盆，精心设计出造型别致、富有童趣、寓教于乐的自然角。

自然角区域设置分明，种类丰富，摆放有序，吸引着每个学生去发现和探索。在这里，学生们可以动手实验，发现土培、沙培和水培的差别；观察发现，记录多肉叶片的生长变化（见图9-27）；大胆猜想，激发探究生命的兴趣；亲手种植，体验收获的满足。

图9-27　孩子们在观察植物的生长

与此同时，教师们会结合学生们的兴趣和季节的变换，不断地更换植物品种，更新区域环境布置，让自然角真正成为学生们喜爱的乐园。

参 考 文 献

[1] 赵娟，靳琳，李敏．幼儿园环境创设与玩教具制作［M］．北京：北京师范大学出版社，2021.

[2] 王燕，封蕊，宋婷婷，等．幼儿园玩教具制作与环境创设［M］．第2版．北京：人民邮电出版社，2019.

[3] 杨枫．幼儿园教育环境创设与玩教具制作［M］．第3版．北京：高等教育出版社，2019.

[4] 郭晚盛，郭海燕．幼儿园环境创设［M］．上海：复旦大学出版社，2019.

[5] 崔庆华．幼儿园玩教具设计与制作［M］．第2版．武汉：华中科技大学出版社，2018.

[6] 林琛琛．幼儿园玩教具设计与制作［M］．北京：科学出版社，2018.